Die

kurfürstlich und königlich sächsische Kavallerie (I)

Das Husaren-Regiment

1805-1809

Jörg Titze

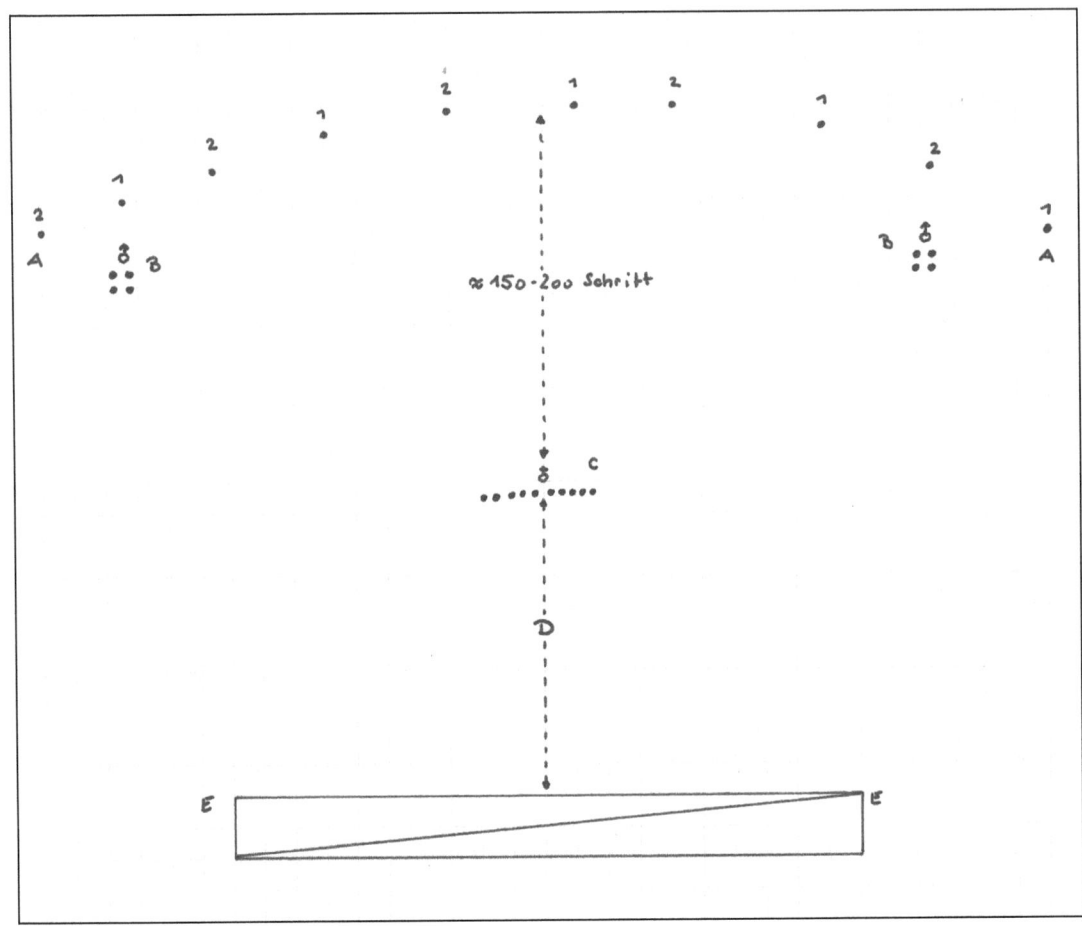

Abb.01   **Deckung einer Eskadron mit einem Flankeurzug von 14 Rotten**
(A-A - 1.Glied des Flankeurzuges (der Mann Nr.1 deckt sich mit
dem linken Mann Nr.2 gegenseitig); B - Unteroffizierstrupps mit 4 Mann decken
und verstärken die Flanken; C - Offizier mit dem 2.Glied des Flankeurzuges; D -
Entfernung, von der Situation abhängig; E-E - Eskadron

Die

kurfürstlich und königlich sächsische Kavallerie (I)

Das Husaren-Regiment

1805 – 1809

Bibliographische Information der Deutschen Bibliothek

Die Deutsche Bibliothek verzeichnet diese Publikation in der Deutschen National-bibliographie; detaillierte bibliographische Daten sind im Internet über http://dn-b.ddb.de abrufbar.

Die Deutsche Bibliothek – CIP – Einheitsaufnahme

Jörg Titze

Die kurfürstlich und königlich sächsische Kavallerie (I): Das Husaren-Regiment 1805 – 1809

ISBN 978-3-7557-5233-2

Herstellung und Verlag:

BoD – Books on Demand, Norderstedt

Inhaltsverzeichnis

———

1.   Einleitung

„Von der Anregung bis zur Ausführung der Errichtung eines Husarenregiments verging beinahe ein Jahrzehnt; doch als die Bedenken gegen die Inangriffnahme der Formation einmal gehoben waren, trat die Verwirklichung derselben verhältnismäßig schnell ins Leben. Generalleutnant Graf von Bellegarde, Generalinspekteur der Kavallerie, legte im Oktober 1789 Sr. Durchlaucht dem Kurfürsten Friedrich August III von Sachsen seine Ansichten über die Zweckmäßigkeit der Errichtung eines Husarenregiments dar und hob in seinem Vortrage besonders hervor, *dass ein Husarenregiment destiniert sei, zu Vorposten, Feldwachen, charmuciren, Avant- Arrieregarde, patrouillieren, rekognoszieren, Überfällen, Embuscade; kurz um stets am Feinde hängen und ihn nie aus den Augen lassen*. *Es müsse aber*, sagte er weiter, *weil außerdem dem Feinde ein Geschenk mit demselben gemacht werden würde, ein solches Regiment im Frieden errichtet werden, denn es gehöre viel Übung der Offiziere und Unteroffiziere dazu, und diese müssten vor ihrem wirklichen Gebrauche im Kriege mit Strapaze, Coup d'peil, List und Verschlagenheit bekannt werden.*". Soweit die Regimentsgeschichte[1] zur Errichtung des Regiments, womit der Wirkungskreis des Regimentes klar definiert wurde.

Das Husarenregiment war mit 1.065 Mann das mannschaftsstärkste Kavallerieregiment der sächsischen Armee dieser Zeit[2], in Anlehnung an die österreichischen und preußischen Husarenregimenter und, wie letztere, in 2 Bataillone formiert. Es wurde in 3 Herstellungen (1.Herstellung zum 01.10.1791, 2.Herstellung zum 01.10.1792[3] und 3.Herstellung zum 01.10.1796) errichtet. Es wurde in 8 Eskadrons zu 2 Halbeskadrons und 4 Zügen formiert und rangierte in zwei Gliedern[4].

In diesem Heft werden die Formationen, Uniformen, Bewaffnungen, Ausrüstungen und Teilnahmen an den Feldzügen der Jahre 1805 bis 1809[5] behandelt.

Neben den Akten im HStA Dresden stützt sich diese Arbeit auf die vom Stabssekretär Winkler[6] im Jahre 1822 verfassten Annalen des Regiments, von denen heute leider nur der erste Band[7] zugänglich ist. Die Einsichtnahme in die genannten

---

[1] Geschichte des 2.Königl. Sächs. Husaren-Regiments „Kronprinz Friedrich Wilhelm des Deutschen Reiches und von Preußen" Nr. 19

[2] Die Kürassier- und Chevauxlegers-Regimenter hatten einen Bestand von 734 Mann und 666 Pferden.

[3] Bereits am 01.04.1792 wurde die annoch vakanten 8 Sousleutnantsstellen besetzt.

[4] Die übrige Kavallerie rangierte gemäß dem Exerzierreglement von 1777 in drei Gliedern.

[5] Der Zeitraum 1810 -1815 wird in Heft 72 dieser Reihe behandelt.

[6] Derselbe Herr Winkler, der die „Bemerkungen über den Feldzug gegen Rußland in den Jahren 1812 und 1813 ... gesammelt bei der Avantgarde des VII^ten Armeekorps" verfasste.

[7] Quellenangabe Regimentsgeschichte: „Die vom kgl. preuß. 12.Husarenregiment in **zwei** Manuskriptbänden zur Durchsicht überlassenen Annalen des Regiments, verfasst vom Sekretär F.W. Winkler 1828". Der 1.Band ist vom Verfasser datiert auf den 10.04.1822.

Annalen verdanke ich der Unterstützung meines Sohnes, Thoralf Titze, und von Frau Lydia Janotta von der Bibliothek im Zentrum für Informationsarbeit der Bundeswehr, Strausberg, wofür ich beiden ausdrücklich danke.

Ein herzlicher Dank geht - wie immer zuerst - an die Damen des HStA Dresden, für die wohlwollende Unterstützung. Weiterhin an Herrn Hans-Dieter Brucksch, Dresden, für seine waffentechnische Expertise; an Herrn Oliver Schmidt, Heidelberg, für die permanente Ergebnismitteilung aus dem Spiel „Suche Preußen, finde Sachsen"; an Herrn Thorsten Schmidt, Liebertwolkwitz, für die Mitteilungen und die Felderprobung im Reenactment; sowie an die Museen in Wolkenstein und Weißenfels, für die Ausstellung und den Erhalt der zeitgenössischen Artefakte.

Ich möchte mich auch bei Ihnen, verehrter Leser, für den Kauf dieses Buches bedanken. Insofern Sie Anregungen haben oder über den Inhalt diskutieren wollen, so können Sie mich via email unter

sachsen-titze@t-online.de

erreichen.

Eilenburg im November 2021

Ihr

Jörg Titze

———

Abb. 02   terzseitige Klingenätzung des Offizierssäbels Abb. 10 und 11 (Altenburg)

2.   Die Organisation

2.1   Die Friedensorganisation vom 01.01.1791

Beim Stab		Bei 8 Eskadrons	
1 Chef		3 wirkliche Rittmeister	
1 Oberst		5 Stabs-Rittmeister	
1 Oberstleutnant		8 Premierleutnant	
2 Majors		8 Sousleutnants	
2 Adjutanten		8 Cornets[8]	
1 Regiments-Quartiermeister		8 wirkliche Wachtmeister	8 Pferde
1 Auditeur		8 Seconde Wachtmeister	8 ″
1 Regiments-Chirurg[9]		8 Standartjunker	8 ″
1 Stabsfourier		8 Fouriere	
1 Stabstrompeter	1 Pferd	8 Chirurgen	
1 Ross-Arzt	1 ″	72 Korporale	72 ″
1 Stabs-Chirurg		8 Vice-Korporale	8 ″
1 Büchsenmacher u. -schäfter		8 Trompeter[10]	8 ″
1 Sattler[11]		8 Schmiede	
1 Profoss[12]		880 Husaren	880 ″
17 Mann	2 Pferde	1.048 Mann	1.000 Pferde

Der Gesamtbestand des Regiments Husaren betrug 1.065 Mann und 1.002 Dienst-Pferde.

Das Regiment war in zwei Bataillone eingeteilt, die Eskadrons in je zwei Halbeskadrons und 4 Züge, jedoch nicht in Kompanien.

Die Eskadrons waren benannt in Leib-, Oberst- und Oberstleutnant-Eskadron sowie die Majors- und Rittmeister-Eskadrons. Letztere wurden mit Dienstgrad und Namen des Eskadrons-Inhabers benannt. Die Eskadrons rangierten im Regiment nach Dienstgrad und Anciennität des Inhabers. Außer der feststehenden Leib-Eskadron rollierten die Ränge der Eskadrons bei Beförderungen im Regiment.

---

[8] „Bei der Stärke einer Escadron sind 4 Offiziere zum Dienst in Campagne zwar nicht hinlänglich: Um aber bei jetziger Formierung den Aufwand möglichst zu vermindern, hat man es bei den angenommenen Etat bewenden, und die dereinstige Vermehrung desselben, der alleinigen Höchsten Entschließung submittieren wollen." Graf von Bellegarde an den Churfürsten, Dresden 19.01.1791

[9] Die Chirurgen entsprachen im Dienstgrad den Unteroffizieren.

[10] „Die Trompeter sind zwar nicht verhältnismäßig gegen die übrigen Kavallerie Regimenter und zum Dienst in Campagne unzulänglich; jedoch hat man auch hier, aus der, bei den Ober Offiziers allschon bemerkten Ursache, ihre Anzahl zu vermehren, sich nicht ermächtigen wollen." Graf von Bellegarde an den Churfürsten, Dresden 19.01.1791

[11] Diese beiden Professionisten sind „wegen ihrer gänzlichen Unentbehrlichkeit, bei einem dergleichen sich ununterbrochen bewegenden Regimente neu auf den Etat gebracht worden" (Bellegarde). Die übrigen Kavallerie-Regimenter führten diese unter der gemeinen Mannschaft.

[12] Der Profoss hatte in der Campagne den Wagenmeister-Dienst mit zu verrichten.

2.2   Die Feldzugs-Organisationen

2.2.1   Die Organisation für den Feldzug von 1806, Stand 21.09.1806

Für den Feldzug von 1806 wurde das ganze Regiment mobil gemacht.

Beim Stab	1 Oberst	1 Hospital-Feldscher
	1 Oberstleutnant	1 Stabsfourier
	2 Adjutanten	1 Stabstrompeter
	1 Regiments-Quartierm.	1 Ross-Arzt
	1 Auditeur	1 Büchsenmacher u. -schäfter
	1 Regiments-Chirurg	1 Sattler[13]
		1 Profoss mit Knecht

Gesamt   15 Mann mit 6 Pferden

Bei 8 Esk.	3 Rittmeister inkl. 2 aggr. Majors	7 Fouriers
	5 Stabsrittmeister	7 Chirurgen
	7 Premierleutnants	64 Korporals
	8 Sousleutnants	8 Vice Korporals
	6 Cornetts	8 Trompeter
	8 Wachtmeister	7 Schmiede
	8 Seconde Wachtmeister	705 Husaren
	8 Estandartjunker	

Gesamt   29 Offiziere und 830 Mann mit 830 Pferden

Dazu   1 Wagenmeister, 17 Proviantknechte, 69 Pferde, 2 Marketender

Beim Depot[14]	1 Premierleutnant (v.Pape)	9 Korporals
	1 wirkl. Wachtmeister (Berger)	1 Schmied (Friedrich)
	1 Fourier (Zorn)	173 Husaren
	1 Feldscher (Erlmann)	184 Pferde inkl. Vakanzen

2.2.2   Die Organisation für den Marsch nach Polen 1808

Für den Marsch nach Polen wurden 2 kombinierte Eskadrons unter Kommando des Majors von Gablenz mobil gemacht.

1. Eskadron	Rittmeister v.Niesemeuschel	1 Fourier
	Prem.leutn. v.d.Planitz	1 Chirurg
	Sousleutn. Roos	6 Korporals
	Cornet Liebeskind	1 Trompeter
	1 Wachtmeister	1 Schmied

---

[13] Der Regiments-Sattler Bretschneider blieb aufgrund Altersschwäche im Stabsquartier Artern und schickte an seiner Stelle einen seiner Söhne mit ins Feld.

[14] Das Depotquartier war Mühlberg, wohin das Depot Ende September aufbrach und erst Anfang Dezember von da wieder in der Friedensgarnison eintraf

1 Second-Wachtmeister	82 Husaren
1 Estandartjunker	

2. Eskadron	Rittmeister v.Wollkopf	1 Fourier
	Prem.leutn. v.Feilitzsch	1 Chirurg
	Sousleutn. v.Möckel	6 Korporals
	Cornet Liebeskind	1 Trompeter
	1 Wachtmeister	1 Schmied
	1 Estandartjunker als Sec.-Wachtm.	83 Husaren
	1 Estandartjunker	

Gesamt: 9 Offiziere, 191 Unteroffiziere und Mannschaften, 191 Pferde.

2.2.3   Die Organisation für den Feldzug von 1809

2.2.3.1 Die Organisation für den Feldzug in Österreich mit Stand 25.04.1809

Für den Feldzug von 1809 wurden 3 kombinierte Eskadrons mobil gemacht

Beim Stab	1 Oberst	1 Major
	1 Adjutant	1 Regiments-Quartiermeister
	1 Regiments-Chirurg	1 Stabs-Sekretär
	1 Stabs-Trompeter	1 Roßarzt
Gesamt	8 Mann und 3 Pferde	

Bei 3 Esk.	3 Rittmeister	46 Unteroffiziere
	4 Prem.leutnants	3 Schmiede
	2 Sousleutnants	333 Husaren
	3 Cornets	3 Unteroffiziers vom Stab
Gesamt	12 Offiziere, 385 Unteroffiziere und Mannschaften, 385 Pferde	

2.2.3.2 Die Organisation für den Feldzug in Sachsen mit Stand 20.05.1809

Auf Befehl vom 20.05.1809[15] sollte das Depot eine Eskadron formieren und so schnell als möglich in die Gegend von Altranstädt und Schladebach rücken:

Major v.Mandelsloh	1 Estandartjunker (Oberstleutn.)
Prem.leutn. Baron v.Knorr	1 Fourier (Thielmann)
Sousleutn. v.Naundorff	1 Chirurg (Oberst)
Kornett v.Rechenberg	8 Korporals (je Esk. Einen)
1 Wachtmeister (Mandelsloh)	1 Trompeter (Leib)
1 Second-Wachtmeister (Lindenau)	1 Schmied (Lindenau)

75 Husaren (Leib, Lobkowitz, Thielmann je 10, die übrigen 9 Mann)
Gesamt 94 Mann und 90 Pferde

---

[15] Die Regimentsgeschichte gibt als Abgangsdaten zum Korps Thielmann den 14.06. und 20.06. und als weiteren Offizier den Pltn. von Seebach, jedoch keine Details zur Eskadron.

Durch die aus Polen zurückkehrende Eskadron wurden zwei mobile Eskadrons unter Kommando des Oberstleutnants von Gablenz in einer Stärke von 200 Mann und 185 Pferden formiert.

2.2.3.3 Das Depot im Feldzug von 1809

Zur Verstärkung und zum Ersatz der in Österreich und Sachsen stehenden mobilen Teile des Regiments waren nach und nach noch 223 Mann und 196 Pferde abgegangen, so dass das Depot am Ende in folgender Stärke zusammengezogen in Artern stand:

Depot-Kommandant: aggr. Major von Niesemeuschel

Stab   1 Stabs-Chirurg, 1 Profos, 1 Sattler

Bei 8 Eskadrons

1 Sousleutnant (Ziegler)	18 Korporals
5 Wachtmeister	5 Vize-Korporals
1 Seconde Wachtmeister	2 Trompeter
2 Fouriers	2 Schmiede
1 Chirurg	199 Husaren

Gesamt   240 Mann mit 236 Dienstpferden (inkl. der Vakanzen)

3. Das Husaren-Regiment in den Feldzügen

3.1 Die Mobilmachung von 1805

Mit 01.11.1805 wurde ein Bataillon vom Husaren-Regiment unter Oberstleutnant Freiherr von Ende mobil gemacht und marschierte am 02./03.12.1805 aus den Garnisonen aus. Es bezog Kantonierungsquartiere in der Nähe von Chemnitz. Der immobile Teil des Regiments gab ein Detachement unter Major von Lobkowitz, welches in der Nähe von Pirna Kantonierungsquartiere zur Sicherung von Dresden bezog. In Folge des Friedens von Pressburg (26.12.1805) wurde der Rückmarsch in die Garnisonen angetreten, wo das Bataillon den 17./18.02.1806 und das Detachement v.Lobkowitz den 11./12.03.1806 wieder eintrafen.

3.2 Der Feldzug von 1806[16]

Für den Feldzug von 1806 machte im September dieses Jahres das gesamte Regiment mobil. Beim Regiment nicht anwesend war ein Remontekommando von 1 Offizier und 33 Mann, welches am 14.10. bei Halle zum Korps des Herzogs v.Württemberg stieß.

Am 04.10.1806 wurden 4 Detachements in Stärke von insgesamt 2 Offizieren, 76 Unteroffizieren und Mannschaften nach Oberhof, Suhl und Frauenwalde zur Be-

---

[16] Die detaillierten Feldzugsberichte des Regiments sind im Heft 66 dieser Reihe zu finden.

obachtung der dortigen Straßen vorgeschickt, die erst nach der Schlacht von Jena wieder beim Regiment eintrafen.

Damit war das Regiment (ohne Stab) nicht stärker als 26 Offiziere und 727 Mann.

Am 07.10.1806 wurde der Oberstleutnant von Ende mit der 3., 5. und 6. Eskadron zur Unterstützung der Brigade v.Pelet nach Ilmenau befehligt, während der Oberst v.Pflugk mit den übrigen 5 Eskadrons nach Rudolstadt zum Korps des Prinzen Ludwig von Preußen gewiesen wurde.

Oberst v.Pflugk machte mit seinen 5 Eskadrons das unglückliche Gefecht bei Saalfeld (10.10.1806) mit. Die Eskadron kamen im Laufe des Gefechtes, stellenweise nur einzeln, zum Einsatz. Am Ende des Gefechtes fand eine Attacke auf die 9ten und 10ten frz. Husaren (vermutlich) mit 4 Eskadronen statt, in deren Folge diese Eskadrons geworfen wurden und der Oberst v.Pflugk in Gefangenschaft geriet. Das Kommando des verbleibenden Bestandes der 5 Eskadrons übernahm der Major v.Gablenz. Diese 5 Eskadrons hatten Stand 12.10.1806 an Verlust:

tot:	2 Korporäle, 5 Husaren,
blessiert	Oberst v.Pflugk, Cornet v.Heeringen, 4 Unteroffiziere, 27 Mann, 17 Pferde
vermisst	Oberst v.Pflugk, Cornet v.Heeringen, 47 Mann, 8 Offiziers- und 55 Dienstpferde

Diese fünf nunmehr schwachen Eskadrons wurden am 11.10. auf Befehl des Fürsten v.Hohenlohe in die Dörfer Stobra, Hermstädt und Krippendorf gelegt, um dort 4 Tage zu rasten und die Gefechtsbereitschaft wieder herzustellen. Sie rückten zwar am 14.10. in Richtung Kanonendonner vor, schlossen sich aber bei Kapellendorf dem Rückzug der Armee an.

Die drei Eskadrons unter Oberstleutnant v.Ende trennten sich am 12.10. vom Korps des Generals v.Pelet und nahmen an einer am 13.10. durchgeführten sächsischen Fouragierung teil. Am 14.10. fochten sie bei der Brigade Dyherrn und der übrigen Linien-Infanterie bis zum Rückzug.

Am 16.10. vereinigte sich 7 Eskadrons des Regiments bei Sangerhausen, die Leib-Eskadron war zum sächsischen Hauptquartier kommandiert.

Am 22.10. wurden bei Bernburg die Pferde nebst Equipage und Säbeln an die Franzosen übergeben und den 25. - 29.10. in die Garnisonen wieder eingerückt.

3.3   Der Aufenthalt in Polen

Nach Beendigung des Feldzuges 1807 war das mobile sächsische Korps in das Herzogtum Warschau gerückt. Zur Ablösung dieser Truppen sollten auch zwei Eskadrons Husaren gehören, welche am 20.06. ausmarschierten. Sie trafen am 15.08. an der Weichsel ein und rückten den 29.10. nach Warschau, wo sie bis zum 15.04.1809 stehen blieben.

Die beiden Eskadrons nahmen am Gefecht bei Raszyn teil und verloren einige Mann und Pferde als Gefangene.

3.4   Der Feldzug von 1809

1809 gehörte das Regiment Husaren vorerst zum immobilen Teil der Armee. Am 01.03. brach aber ein Kommando von 1 Offizier (Pltn. Probsthayn) und 30 Pferden zum Vorpostenkorps des Generalmajors v.Goldacker bei Artern auf und langte am 08.03. in Reitzenhain an. Auch Anfang März wurde der Aufbruch der Eskadron Lindenau (131 Mann und 127 Dienstpferden, durch Abgaben anderer Eskadrons komplettiert) nach Dresden anbefohlen, welche am 08.03. ausrückte. Bei Tharandt erhielt diese Eskadron Befehl nach Chemnitz zu rücken, wo sie vom 24.03. - 17.04. stehen blieb; das Kommando Probsthayn wurde ihr einverleibt.

Am 31.03. wurde beim Regiment die Formierung zweier kombinierter mobiler Eskadrons in Stärke von 228 kampagnenfähigen Pferden bestimmt.

3.4.1   Der Feldzug in Österreich

Nach der Kriegserklärung Österreichs vom 15.04.1809 machte Sachsen ein Korps mobil, zu welchem auch 3 Eskadrons Husaren gehörten.

Kavallerie-Brigade	Gen.maj. v.Gutschmidt
Regiment (Garde du Corps/Carabiniers)	4 Eskadrons
Regiment Prinz Clemens Chevauxlegers	4 Eskadrons
Regiment (Husaren/Chev. Prinz Albrecht)	4 Eskadrons

Generalmajor v.Gutschmidt, seit 15.03. Kommandeur des Husaren-Regiments, erhielt am 22.04. das Kommando über die Avantgarde, die aus den beiden am 31.03. formierten Husaren-Eskadrons, der Eskadron Albrecht und 200 Infanteristen bestand und zu der die Eskadron Lindenau am 24.04. stieß.

Am 30.04. kam es zu einem ersten Aufeinandertreffen mit den Österreichern. Einer Rekognoszierung gegen Eger waren 50 Husaren und Chevauxlegers beigegeben worden, die bei Schönberg auf österreichische Ulanen stießen, die letztendlich in die Flucht geschlagen wurden. Die Verluste beim Regiment betrugen:

tot:	1 Pferd
verwundet:	2 Offiziere (Rtm. v.Bellmont, Kornett v.Seld), 7 Husaren
gefangen:	2 Husaren

Weitere Rekognoszierungen fanden am 05./06.05. gegen Hayd und Klentsch mit 2 Eskadrons Husaren unter Kommando des Majors v.Lobkowitz statt.

Am 17.05. kamen bei Linz alle 3 Eskadrons ins Gefecht, wo sie eine auf einem Berg stehende und von Ulanen gedeckte Batterie attackierten und dabei in deren Kartätschenfeuer gerieten. Die Verluste betrugen:

tot:	1 Husar
verwundet:	3 Offiziere (Pltn. Probsthayn, v.Selchow und v.Lindemann)
	4 Husaren
gefangen:	1 Husar

Am Überfall von Neumarkt in der Nacht vom 19./20.05. nahmen die 3 Eskadrons teil.

Bei Wagram am 05./06.07. kamen die 3 Eskarons an beiden Tagen gegen Infanterie und Kavallerie zum Einsatz. Am 05.07. wurde ein österreichisches Bataillon überritten und dessen Fahne erobert[17]. Der Verlust dieser Tage betrug:

tot:	2 Offiziere (Pltn. v.Selchow, Sltn. Wagner), 6 Husaren, 15 Pferde
verwundet:	1 Offizier (Pltn. Heinze), 12 Unteroffiziere und Husaren
gefangen:	4 Husaren
vermisst:	17 Pferde

Die 3 Eskadrons nahmen an den Gefechten bei Marchegg (09.07.) und Stampfen (13.07.) teil, ohne ernsthaft ins Feuer zu kommen.

Insgesamt verloren die 3 Eskadrons während des Feldzuges:

tot:	10 Mann	gestorben:	22 Mann
verwundet:	31 Mann	gefangen/vm:	20 Mann
verloren:	72 Pferde		

Bis zum 28.12. verbleiben die Husaren an verschiedenen Orten in Österreich und traten an diesem Tag den Rückmarsch nach Sachsen an, wo sie am 26. und 27.01.1810 wieder in ihren Garnisonen eintrafen.

3.4.2 Der Feldzug in Sachsen

Mit dem Dyherrn'schen Korps trafen auch die beiden Eskadrons unter Major v.Gablenz am 14.05.1809 aus Polen kommend in Torgau ein. Die Eskadrons sollten erst dem Korps nach Österreich folgen, erhielten aber am 20.05. Contreordre und trafen am 23.05. bei Nossen wieder beim Dyherrn'schen Korps ein.

Die Husaren kamen am 25.05. bei Nollendorf ins Feuer und verloren:

verwundet:	3 Husaren
gefangen:	1 Husar

Im Gefecht bei Zittau am 30.05. wurde 1 Husar irrtümlich von der eigenen Infanterie erschossen.

Am 14.06. erhielten die mittlerweile in Borna stehenden Eskadrons eine Verstärkung in Form einer weiteren Eskadron unter Major v.Mandelsloh.

Die Husaren zogen in Befolg der Österreicher und später der Braunschweiger quer durch Sachsen. Den militärischen Schlusspunkt bildete der Überfall des in Pirna stehenden Kornett Wachtel, der mit 19 notdürftig berittenen Husaren ein braunschweigisches Depot am 03.08. bei Schandau überfiel. Der Verlust dabei betrug:

	tot:	1 Husar
	verwundet:	2 Pferde

---

[17] Von der 1. kombinierten Eskadron (Lindenau) erbeuteten 4 Husaren diese Fahne (höchstwahrscheinlich die des III.Bataillons Infanterie-Regiment No.46; auch möglich, aber weniger wahrscheinlich ist das III.Bataillon Infanterie-Regiment No. 58).

4.   Verschiedenes

Rekruten und Mannschaftsmaß

Rekrutierung war im ganzen Land erlaubt von Rekruten bis zu einer Größe von 71 $^1/_2$ Zoll (1,69 m), wenn diese kein Wachstum mehr erwarten ließen. Rekruten mit 72 Zoll (1,70 m) - auch wenn das Maß erst während des Dienstes erreicht wurde - waren auf Verlangen an das Regiment abzugeben, in dessen Distrikt dieser gehörte, sich freiwillig engagierende Eximierte waren davon ausgenommen

Dienstverpflichtung / Fahneneid

Dienstverpflichtung gemäß AHO vom 22.10.1791: „*Es sind nämlich zu jedesmaliger Verpflichtung 1 Unteroffizier und 2 gemeine Husaren, letztere mit Karabinern, zu kommandieren. Bei dem Verpflichtungs-Akte selbst soll zwischen diese beiden Gemeinen, die das Gewehr scharf geschultert haben, der zu verpflichtende Rekrut eintreten. Nach verlesenen Kriegsartikeln wird von dem Unteroffizier der Säbel gezogen und dem Rekruten vorgehalten, von diesem aber zum Zeichen, dass er seine Kameraden nicht verlassen wolle, mit der linken Hand angefasst, wobei zugleich der Rekrut die drei ersten Finger der rechten Hand erhebt und den Eid auf die Kriegsartikel leistet.*" Gleichzeitig wurden die eine Fahne erwähnenden Kriegsartikel VII und VIII entsprechend angepasst.[18]

Kommando der beiden Husaren-Bataillons

Das 1ste Bataillon kommandierte der Regimentskommandeur, das 2te der Oberstleutnant. Die Eskadrons erhielten ihre Befehle vom jeweiligen Kommandeur, der seinen eigenen Adjutanten hatte und rapportierten auch an diesen.

Haare

Die Husaren trugen gedrehte Seitenlocken und Zöpfe. Das Abschneiden der Seitenlocken[19] erfolgte im Jahr 1809 beim Ausmarsch ins Feld gegen Österreich. Das Abschneiden der Zöpfe bei manchen Blessierten und Zurückgebliebnen bereits im Feldzuge 1806. Beim abgegangenen Detachement nach Polen im Jahre 1808 und beim übrigen zurückgebliebenen Teil und dem Depot bei bzw. gleich nach dem Ausmarsch ins Feld 1809.

Rationen für Dienstpferde

Die Ration für ein Dienstpferd betrug $^5/_8$ Metzen Korn oder 1 $^1/_4$ Metzen Hafer[20] sowie 4 Pfund Heu täglich und 15 Bund Stroh monatlich.

---

[18] zu den geänderten Kriegsartikel und der Fahneneid sh. Anlage 1. Die vollständigen Kriegsartikel vom 30.11.1700 sind zu finden in Heft 56 dieser Reihe

[19] Da die runden ungarischen Filzmützen den Nacken gegen Hieb und Stich nicht gehörig deckten, so wurden von den Husaren lange und starke Haarzöpfe, auch außer dem Schnurrbart nah zwei Seitenlocken im Gesicht getragen, was denselben ein verwegenes und wildes Aussehen gab. (Goethe S. 7)

[20] das Korn wurde an die alten Dienstpferde verfüttert, der Hafer wurde zur Ausfütterung der Remonte verwendet.

Abb. 03   **Uniformen des Husarenregiments bis 1806 (Hess)**

(1 - Husar im Pelz (Dienstanzug Winter); 2 - Husar in Parade (Sommer); 3 - Trompeter; 4 - Offizier in Pikesche; 5 - Offizier im Pelz (Dienstanzug Winter); 6 - Unteroffizier im Pelz (Dienstanzug Winter) - Anm.: die Bordenumrandung der Verschnürung beim Mannschafts-Pelz wird hier nicht, aber z.B. beim Exemplar in Darmstadt gezeigt)

5. Die Uniformierung[21]

5.1 Generelles

Da das Husaren-Regiment als Ganzes nicht auf einmal sondern in 3 Schritten und zwar mit

	534 Mann zum	01.10.1791 (1ste Herstellung)
	297 Mann zum	01.10.1792 (2te Herstellung) und
	192 Mann zum	01.10.1796 (3te Herstellung)

errichtet worden war, ergaben sich bei den mit der Errichtung ausgewiesenen Haltezeiten der Leibesmontur (Dolman 2 Jahre, Pelz 4 Jahre und Mantel 8 Jahre) unterschiedliche Zeiten[22] für die Anlegung der neuen Leibesmontur zwischen der 1sten sowie der 2ten und 3ten Herstellung. In Folge dessen war immer ein Teil mit neuer und ein Teil mit alter Leibesmontur versehen, was sich negativ auf das optische Erscheinungsbild auswirkte[23]. Im Jahre 1804 wurde eine entsprechende Egalisierung in Angriff genommen und wie folgt erreicht:
- Neuanschaffung Dolmans 1ste Herstellung zum 01.10.1806 statt zum 01.10.1805
- Neuanschaffung Pelze 1ste Herstellung zum 01.10.1808 statt zum 01.10.1807
- Neuanschaffung Mäntel 1ste Herstellung zum 01.10.1808 statt zum 01.10.1807[24]
- Neuanschaffung Mäntel 3te Herstellung zum 01.10.1808 statt zum 01.10.1812, die Mäntel wurden also 4 Jahre kürzer als vorgesehen getragen.

Mit **AHO vom 13.04.1810** wurde die Haltezeit der Dolmans und Pelze auf 3 Jahre festgesetzt. Diese Regelung trat für die Neuanschaffung der Dolmans zum 01.10.1810 und der Pelze zum 01.10.1812 in Kraft. Der König verfügte am 23.11.1811, dass die künftigen Neuanschaffungen mit den Neuanschaffungen der übrigen Armee (nächster Termin 01.05.1813) zum gleichen Zeitpunkt erfolgen sollen, somit die Pelze 1/2 Jahr länger[25] und die Dolmans 1/2 Jahr kürzer zu tragen sind[26].

---

[21] Das für die Festschreibung u.a. der Uniformierung, den Truppen gegebene Wirtschaftsreglement lag für die Husaren selbst 1808 noch nicht vor: „Nota: Es ist hierbei allerunterthänigst zu bemerken, dass das Husaren-Regiment mit einem Wirtschaft Reglement noch zur Zeit nicht versehen ist." (Bericht des Geheimen Kriegs-Rats-Kollegii vom 21n Januar 1808). Der Entwurf vom 28.12.1791 war am 18.04.1792 an die neuen General-Inspekteure (von Zezschwitz/von Gersdorff) weitergeleitet worden, deren Bericht lag zum 21.01.1808 noch nicht vor.

[22] **Dollmans** 1ste 1801, 1803, 1805, 1807; 2te + 3te 1800, 1802, 1804, 1806, 1808 / **Pelze** 1ste 1799, 1803, 1807; 2te + 3te 1800, 1804, 1808 / **Mäntel** 1ste 1799, 1807; 2te 1800, 1808; 3te 1804, 1812

[23] „...Diese Ungleichheit ist im Ganzen auffallend, dass man statt Einem, zwei Regimenter vor sich zu sehen glaubt..." Pro Memoria General-Inspekteur Kavallerie Trützschler; Dresden 05.09.1804

[24] Die 534 Mann der 1sten Herstellung hatten damit die Leibesmontur 1 Jahr länger zu tragen.

[25] Die Pelze waren schon zu Beginn des Feldzuges 1812 nicht im besten Zustand: „Ich genehmige sehr gerne, dass die schadhaften Pelze der 5ten Eskadron ausrepariert werden ..." Oberstleutnant v.Rayski an Rittmeister v.Feilitzsch, Baruth 11.01.1812

[26] „Es haben Se König: Majestät die Vereinigung des Anlegungs Termins der Pelze und Dolmans vorgeschlagenermaßen dergestalt zu genehmigen geruht, das diese beiden Bekleidungsstücke 1mo Mai 1813 mit 3jähriger Haltezeit angelegt werden sollen. Der Wirtschafts-Kommission wird solches mit der Veranlassung eröffnet, zu seiner Zeit die deshalb nötigen Maßregeln zu ergreifen." Gersdorff an die Wirtschaftskommission des Husaren-Regiments, Dresden 02.12.1811

Abb. 04 Offiziere im Dolman   **Abb. 05** Offizier in Pikesche

Abb. 06 Offizier und Husar in Parade (alle Reinhold)

5.2. Die Uniformierung nach der Stamm- und Rangliste

Die **Stamm- und Rangliste von 1796** gibt folgende Beschreibung:

„Blaue Pelze mit schwarzem Vorstoss und weißen Knöpfen, Borden und Schnüren, bei den Unteroffiziers schwarz und bei den Gemeinen weiß gefüttert. Weiße Dolmans mit blauem Überschlag auf den Ärmeln und Kragen, blauen Borden und Schnüren, und weißen Knöpfen. Ungarische lederne, auch weiß tuchene Hosen. Kalbledere Säbeltaschen mit blau tuchenen Deckel, weiß garniert, mit aufgesetztem weißen höchsten Namenszug und Kurhut. Schwarze Filzmützen mit weißer Einfassung, weißen Kordon und Federstutz. Blaue Mäntel. Die Uniform der Offiziers ist nach der Facon und Farbe wie der Unteroffiziers, statt der Borden und Schnüre aber Silber, und um die Mützen die Einfassung von schwarzem Sammetbande und einen starken silbernen Kordon. Außer dem Dienst tragen sie lange ungarische Überkleider, blau, mit kamelhärnen Borden und Rundschnüren und Knöbeln und einen deutschen Hut mit weißer Kokarde und Federstutz."

Die **Stamm- und Rangliste von 1804** (Veränderungen in den Listen bis 1809 sind eingefügt) gibt folgende Beschreibung

„Hellblaue Pelze mit einem schwarzen Vorstoß, besetzt mit weißen Borten und Schnüren; weiße Dolmans mit hellblauen Aufschlägen, Kragen, Borden und Schnüren und beides mit weißen Knöpfen; lange lederne, wie auch weißtuchene Beinkleider; rote Schärpen mit weißen Knöpfen; hellblaue Säbeltaschen mit höchstem Namenszug weißgarniert; schwarze Filzmützen, die Flügel blau gefüttert mit weißer (1808 schwarzer) Bordeneinfassung; einen Cordon und Federstutz. Blaue Mäntel. Der Besatz der Offiziere besteht durchaus in silbernen Schnüren und Cordonquaste; *auf der Säbeltasche aber von Tresse, wovon diejenige des Namenszugs, und bei den Stabsoffizieren durchaus, mit karmesinroter Seide meliert und dann die Mütze mit schwarzem Samtband eingefasst ist* (in der Liste 1809 *ersetzt* durch: *und die Säbeltasche mit verzierten Höchsten Namenszug in Silber gestickt.*) Hiernächst tragen sie einen langen ungarischen hellblauen Überrock mit schwarzem Kragen und Aufschlägen, besetzt mit weißen Borten und Rundschnüren, weiße Knöpfe und einen dreieckigen Hut mit Federstutz, Cordon und Kokarde."

5.3 Die Uniformierung nach den Annalen[27]

Die dem Regiment mittelst Ordre vom 3ten August 1791 von dem Generalleutnant und General-Inspekteur der Kavallerie von Bellegarde zugefertigten und in Zukunft zur Norm dienen sollenden Probestücke bestanden hinsichtlich der Farbe und Facon in folgenden:

Ein bleumeuranter Pelz schwarz gefüttert und aufgeschlagen mit weißen Borden und Schnüren und 3 Reihen zinnerner Knöpfe besetzt. Zur Distinktion der

---

[27] Die Annalen werden hier wörtlich wiedergegeben. Die Regimentsgeschichte gibt in Beilage XLII lediglich eine Zusammenfassung der in den Annalen gemachten Ausführungen.

Unteroffiziere werden derselben Pelze durchgängig schwarz aufgeschlagen und gefüttert, dahingegen die Pelze der gemeinen Husaren nur schwarz aufgeschlagen und übrigens weiß gefüttert werden. Ferner sind die Pelze sämtlicher Unteroffiziers mit der breiten Borde schlangenförmig auf den Vorderteilen und Ärmeln, die Pelze derer Wachtmeister und Junkers aber, neben der breiten, noch mit einer schmalem Borde schlangenförmig zu besetzen.

Ein weißer Dolman mit blauen Borden und Schnüren, ingleichen 3 Reihen zinnerner Knöpfe. Die breiten Borden auf den Unteroffiziers-Dolmans werden gleichfalls schlangenförmig - und für Wachtmeister und Junkers noch mit einer schmalen neben der breiten Borde schlangenförmig - auf den Vorderteilen und Ärmeln besetzt.

Ein paar bockhäutene ungarische Hosen mit deutschem Bund und Latz, so aber auch von Wildleder sein können

Ein paar Stiefeln von Rindsleder, der Narben inwendig, die Absätze mit Eisen beschlagen, weißwollener Schnure und Quästchen und eisernen Sporen

Eine Schärpe von krapproter Rundschnur von Wolle mit weißen Knöpfen und ungarischen Schnuren

Eine schwarze Filzmütze mit blauem Boy, oben und unten weiß besetzt, der Flügel weiß eingefasst. Die Unteroffiziere erhalten vorne eine weiße Rose

Ein weißwollener Kordon

Ein weißer Federstutz die Trompeter erhalten solchen durchaus meliert von gelb und blauen Federn

Eine schwarze Halsbinde mit Strippe und Leder

Eine messingne Halsbindenschnalle

Ein paar Handschuhe von Bockleder, so auch von Wildhaut sein können

Ein bleumeuranter tuchener Mantel

Die **Uniform der Offiziere** war von gleicher Couleur und durchgängig mit Silberbesatz; Pelz und Dolman mit 5 Reihen Knöpfe versehen. Bei allen Offiziersgraden war Besatz und Stickerei gleichförmig; bloß Bouillons in dem Kordon, dem Portepee und den Stiefelquasten unterschieden den Stabsoffizier von den Subalternen und der Wegfall der Portepees den Nichtkombattanten des Mittelstabes von dem Kombattanten. Die Schärpe bestand aus rot und weiß melierten kamelhärnen Schnüren mit weißen desgleichen Knöpfen und Quasten. Die Eschabracke mit einen breiten Tressen-Einfaß führte in den hintern abgerundeten Ecken derselben den allerhöchsten verschlungenen Namenszug ohne Kurhut von roter Seide mit Silber durchwirkt, gleich wie auf den Säbeltaschen. Die ungarische Mütze mit blauen Taffet ausgeschlagen und mit schwarzem Samtband eingefasst, zierte ein Stutz von langen, herabhängenden weißen Hahnenfedern. Das Interims-Ajoustement bestand in einer engen blauen Pikesche mit weiß kamelhärnen ungarischen Schnüren und Quastenbesatz und einem dreieckigen Hut mit silberner Agraffe, Feldzeichen und Federstutz.

Vorstehende, dem Regiment unterm 3ten August 1791 zuggefertigte Probestücke, erlitten jedoch schon bei der Fertigung der **Wachtmeister- und Junker**-Pelze und Dolmans für die erste Herstellung 1mo Oktbr: gedachten Jahres dahin eine Abänderung, dass, anstatt der schlangenförmigen Besetzung mit einer breiten und einer schmalen Borde nebeneinander, die breite Borde wegfiel und statt derer zwei schmale Borden dafür gewählt wurden. Auch die weiße Rose an der Filzmütze zur Unteroffiziers-Distinktion kam nicht zur Existenz, statt dessen erhielt der Unteroffizier zur Auszeichnung einen weißen, unten spitzig und nach oben breit zulaufenden, der Husar hingegen umgekehrt einen unten breit und nach oben spitzig zulaufenden **Federstutz** - doch nur dem genau hiervon Unterrichteten konnte dieses - und auch nur in weniger Entfernung - zur Richtschnur dienen. Es erhielten daher von 1sten Oktober 1792 an die Unteroffiziere rote Kuppen auf den Federstützen, welche jedoch im Herbst 1796, da die rote Farbe von der Sonne und Witterung sehr bleichte, in schwarze bis zuletzt bestandenen Kuppen verwandelt wurden.

Die Ellenbogen der Ärmel an **Pelzen und Dolmans** sowie der innere Besatz des Schoßes an letzteren, erhielten zur mehreren Dauer einen Besatz von braunen, lohgaren Schafleder, indem die zuggefertigten Probestücke dieser Art damit versehen waren. Die Erfahrung, vorzüglich in den kurz darauf begonnenen Feldzügen zeigte aber das zweckwidrige dieses Verfahrens dadurch an, dass bei eingetretener Nässe die Lohe dieses Leders sich den nächsten Umgebungen an Tuch und Wildleder bei den Hosen mitteilte und sie durch Übelstand erregende und schwer zu vertilgende braune Flecken unbrauchbar machte. Bei der zweiten Fertigung von Dolmans, die 1mo Mai 1794 angelegt wurden, erfolgte daher der Wegfall dieses Besatzes und wurde der innere Schoß des Dolmans hierfür mit weißem Tuch ausgefüttert,

Um bei Paraden und beim Exerzieren zu Fuß den Mannschaften den Marsch zu erleichtern, wurde kurz nach der Errichtung des Regiments am ersten, auf der Hüfte sitzenden Ring des **Säbelkuppels** in messingner Haken angebracht, um die Säbelscheide an selbigen heraufhängen zu können. Da aber dieser Haken denen Montierungsstücken auch bei der größten Vorsicht oft sehr bedeutenden Schaden zufügte, so wurde selbiger bald darauf mit einem kleinen weißen Riemen vertauscht. Ihr Verschwinden fällt in die Zeit der Rhein-Campagnen, wo selbige größtenteils verloren gingen und nicht wieder angeschafft wurden.

Bei Errichtung des Regiments wurden sämtliche Mannschaften, sowohl Streitbare als Nicht-Kombattanten ungarisch gekleidet. **Roßarzt, Schmiede und Sattler** pp. zeichneten sich bloß durch einen - mitunter sehr zugespitzt zackigen, teils weitschweifig schlangenförmigen - Bordenbesatz aus. Bloß der **Profos** trug bis zur 1mo Mai 1811 neu angelegten Uniform einen gerade herunter laufenden Besatz von einer schmalen und einer breiten Borde. - Da bei den **Chirurgen** und Handwerksleuten dieses Kostüm jedoch später für nicht zweckmäßig befunden wurde, so wurde resolviert, nach Verlauf der ersten Haltezeit dieser ungarischen Bekleidung selbige in deutsche Tracht zu verwandeln. Der Roßarzt und die Chirurgen /: damals unter der Nennung Feldscheer :/, Büchsenmacher, Sattler und Schmiede erhielten daher von 1sten Oktober 1795 an Hut und deutschen Rock von der Farbe der blauen Uniform und eine weiße Ärmelweste /: anstatt Dolman :/ mit aufgesetzten blauen Stehkragen. - Die Distinktion auf den schwarzen Tuchkragen der Röcke, war teils durch weiße Schnüre, teils durch schmalen weißen Bordenbesatz angebracht. Da die Chirurgen sich jedoch hierdurch zu wenig ausgezeichnet glaubten und um Wiedererlangung des ungarischen Kostüms solizitierten, so erhielten sie die Gewährung ihres Gesuchs und legten Pelz und Dolman mit der Auszeichnung einer schlangenförmig aufgesetzten schmalen Borde den 1sten Oktober 1803 wieder an, der Regimentschirurg hingegen behielt die bisherige deutsche Uniform, in einem deutschen Rock mit silbernem Schnuren-Einfaß und weißer Weste und Beinkleidern bestehend, bei. - 1mo Oktober 1810 bei der neuen Uniformierung der Armee, erhielten sämtliche Chirurgen ein gleichförmiges ... Ajoustement, wodurch die ungarische Kleidung wieder in Wegfall kam.

Da man bei der Errichtung des Regiments auf keine äußeren Merkmale Rücksicht genommen hatte, wodurch sich die Eskadrons voneinander unterschieden, so geschah unterm 22ten Februar 1792 der Vorschlag, ein solches durch an den Enden der Mützenflügel angebrachte couleurte **Eskadronszeichen** zu bewerkstelligen. Dieser Vorschlag wurde unterm 1sten März 1792 genehmigt und die 8 Unterscheidungszeichen in nachstehender Haupt- und melierter Farbe als, weiß, rot, schwarz, gelb, rot und weiß, gelb und weiß, schwarz und weiß und grün und weiß festgesetzt. Auf Anordnung des Oberst von Trützschler hingegen, kamen im Jahre 1802 die beiden melierten Farben gelb und weiß /: sonst Oberstleutnants :/ und schwarz und weiß /: sonst Major von Polenz Eskadron :/, da beide dem Schmutz sehr unterworfen und in geringer Entfernung ganz unkenntlich waren, wieder in Wegfall und statt deren die beiden Hauptfarben blau und grün an die Tagesordnung, bei welchen es auch bis zu Wegfall der ungarischen Mützen sein Bewenden hatte.

Um die wirklichen **Wachtmeister** von denen **Seconde-Wachtmeistern**, welche eine und dieselbe Bordenauszeichnung trugen, zu unterscheiden, erhielten selbige sowie der Stabs-Sekretär im Jahre 1797 die, auf Pelzen und Dolman durch aufgesetzte kamelhärne feine Schnure, aufgesetzte Stickerei nach eben der Zeichnung, wie selbige die Wachtmeister bis zur Auflösung des Regiments getragen haben, der Stabs-Sekretär hingegen erhielt vom 1sten Oktober 1810 an die ... deutsche Uniform.

Die **ungarischen Mützen** waren bei Unteroffizieren und Gemeinen seit der Errichtung, der zugefertigten Probe gemäß, mit einem weißen Bordenbesatz versehen. Da deren Reinhaltung nicht anders als durch Anstreichen mit Ton bewirkt werden konnte, wodurch aber der schwarze Filz an seiner Farbe litt und rötlich wurde, so geschah Seiten des Regimentskommandos der ohnmaßgebliche Vorschlag, dass dieser Einfaß anstatt weißer mit schwarzer Borde gewechselt und zu mehrerer Zierde der weiße Kordon, anstatt wie sonst an der Mütze herunterhängend, nunmehr um selbige geschleift getragen werden dürfe. Die höchste Genehmigung dieser Ajoustements-Veränderung geschah mittelst Ordre vom 17ten April 1806.

Anstatt der weißwollenen **Mützen-Kordons, Schärpen-Knöpfen und Schärpen-Quasten**, die durch das Waschen und Anstreichen gelb wurden, wurden im Jahre 1806 vorgenannte Stücke von weißem Zwirn angeschafft, die ohne Nachteil ihrer Couleur auf jede nur mögliche Art gereinigt werden konnten.

Obschon das im Jahr 1805 ausmarschierte und im Erzgebirge auf Postierung gestandene mobile Bataillon Husaren, sich gleich dem Königl: Preußischen Husaren-Regiment von Gettkandt /: welches in seiner Nähe stand :/ **erhöhte Federstütze** von geschnittenen weißen Gänsefedern aus eigenen Mitteln angeschafft hatte und damit im Monat Februar 1806 in seine Friedens-Garnisonen zurückkehrte, so konnte der damalige Kommandant des Regiments, Oberster von Pflugk, dennoch nicht dahin vermocht werden, diese weit wohlfeilere und besser ins Auge fallende Gattung von Federstützen höheren Orts für das ganze Regiment als künftige Norm in Vortrag zu bringen, vielmehr ergingen wider das Tragen derselben in die Eskadrons die geschärftesten Befehle. Nur erst im Monat März 1809, als das Regiment den Obersten Freiherr von Gutschmidt zum Kommandanten erhielt, wurden selbige allgemein als Probe eingeführt und bis zum Feldzug 1812 beibehalten; auch die Trompeter des Regiments legten die blau und gelb melierten Federstütze ab und trugen dergleichen geschnittene weiße mit blauer Kuppe. Die vorschriftsmäßige Höhe betrug 16 Zoll.

Mit Ableben des Obersten von Süßmilch, genannt Hörnig und Ernennung des Obersten und General-Adjutanten von Trützschler zum Kommandeur und mehr noch aber seit 1804, wo derselbe Generalmajor und Generalinspekteur der Kavallerie ward und unumschränkter wirken konnte, begannen in Hinsicht des Ajoustements die meisten, sowohl zur Zweckmäßigkeit als Lustie des Regiments hinwirkenden Veränderungen, deren mehrerer vorstehend schon gedacht worden. In Hinsicht des Offizierskorps wurden:

Die zeitherigen langen **Pikeschen** mit dem weißen ungarischen Putz dahin abgekürzt, dass selbige beim Reiter weder durch den eindringenden Pferdeschweiß noch bei schmutziger Witterung durch den Kot das Unangenehme ihrer Länge empfinden ließen. Sie führten in dieser verkürzten Form die Benennung Arnimchen und hatte vorn, statt weißkamelhärnen Schnurenbesatz bloß einige Klappen zum Übereinanderknöpfen. An deren Stelle traten späterhin die Kurtkas mit schwarzen Samt- oder Manchester-Besatz, blauen ungarischen Putz, vorn mit hohen überspannenden Knöpfen. Diese letztere wurden unter Kommando des Obersten von Pflugk dahin abgeändert, dass anstatt der 3 Reihen überspannender Knöpfe 5 Reihen versilberter kleiner blanker Knöpfe darauf zu stehen kamen. - Kragen und Aufschlag blau mit schwarzer Einfassung. Die Spenzer kamen späterhin und erst ad 1808 beim Marsch eines Detachements ins Herzogtum Warschau an die Tagesordnung.

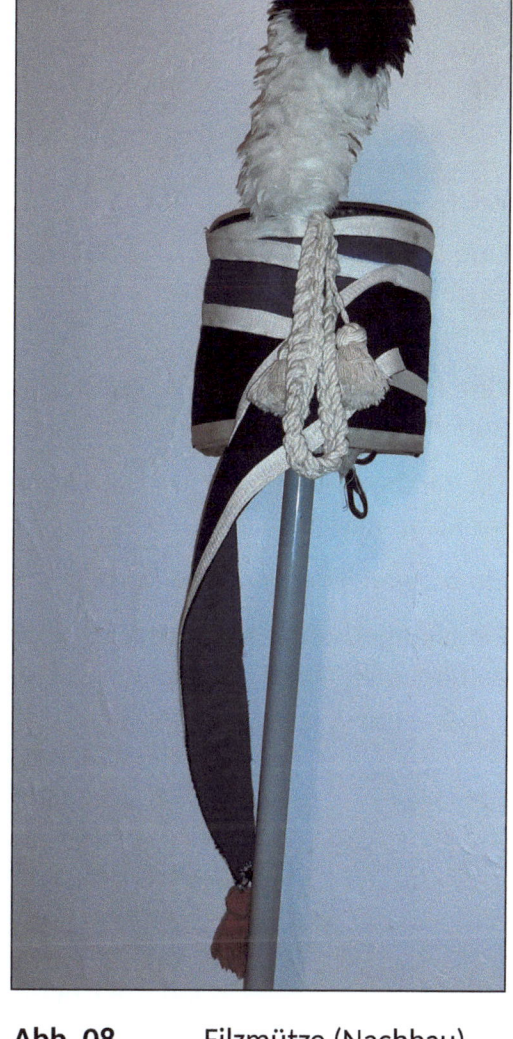

Abb. 07 Filzmütze (Wolkenstein) **Abb. 08** Filzmütze (Nachbau)

Abb. 09 Schärpe (schön zu sehen der weiße Knopf und die roten Schnüre)

Übrigens wurde die Einführung der **Vautour[28]-Federn** von der Höhe zu 18 Zoll anstatt der Kapaunfedern, ingleichen die **Verzierung der kamelhärnen Schärpe** bei den Offiziers mit silbernen Knöpfen, Schnuren und Quaste vom Oberst von Gutschmidt mit höchster Genehmigung mittelst edierter Ajoustements-Punkte vom 2ten April 1809 angeordnet.

5.4 Ausrüstung nach den Annalen

Eine Säbeltasche von Schafleder mit blautuchnen Deckel und Juchten eingefasst, Ihrer Kurfürstlichen Durchlaucht Namenszug und Kurhut mit eisernen, verzinnten Ringen

Eine Patronentasche zu 30 Schuss von schwarzen Leder und Riemen von Büffelhaut, unter der Tasche mit eiserner verzinnter Schnalle

Ein Karabiner-Riemen von Büffelhaut mit messingner Schnalle und doppelter Karabinerhaken

Ein schwarzlederner Säbelriemen

Ein bleumeuranter Mantelsack die Ecken mit Schafleder besetzt, worinnen geführt wird:
2 Hemden
1 paar weißtuchene ungarische Hosen mit deutschem Latz und Bund nach der zuggefertigten Probe
1 paar grauleinwandene Unterziehhosen nach dergleichen Probe
1 Kittel desgleichen
1 Fouragiermütze desgleichen
4 Schnupftücher
1 lederner Beutel zur Putzschere, Kamm, Stiefelschmiere und andern nötigen Kleinigkeiten
1 Striegel nach der zugefertigten
1 Kartätsche Probe
1 Mähnenkamm
1 Bürste mit Spiegel
1 Stiefelbürste
1 Tonbürste
1 Kugelform mit Krätzer

Eine Feldflasche von schwarzem Stürzblech und verzinnt, mit Riemen

Ein Feldbeil mit ledernem Futteral

Die **Säbelkuppel** wurden von Formierung des Regiments an bis ad 1808 bei Paraden mit umgehangenem Pelz dergestalt über die angelegte Schärpe getragen, dass das S des Kumpels auf den mittelsten Schärpenknopf zu sitzen kam. Hierdurch litten die Schärpenknöpfe nicht nur schon an und für sich selbst, sondern

---

[28] Vautour (frz.) = Geier

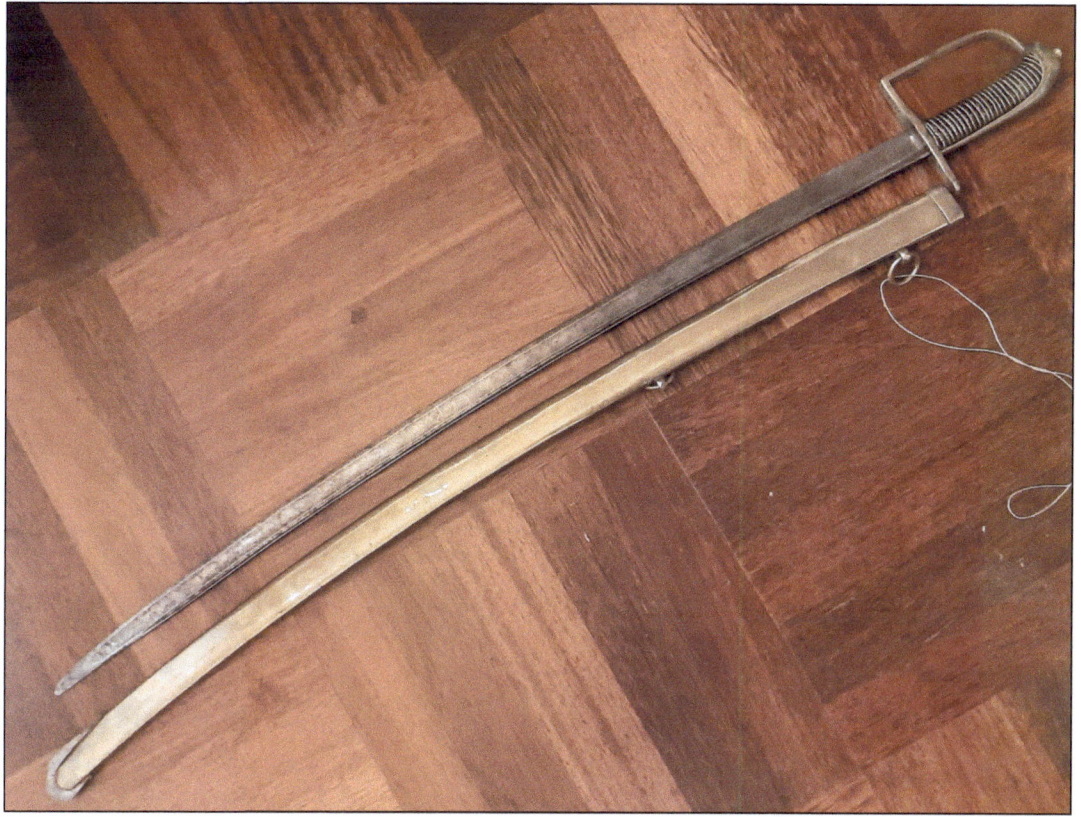

Abb. 10   Offizierssäbel mit Messinggarnitur und Messingscheide (Schmidt)

Abb. 11   Offizierssäbel Detail (Schmidt)

der mittlere Schärpenknopf wurde auch von dem darauf ruhenden messingnen S von einem schwarz-grünem Schmutz dergestalt bedeckt, dass er nur mit der nassen Bürste und nicht selten mit dem gänzlichen Ruin dieses Knopfes wieder weggebracht werden konnte. Dies gab die Veranlassung, das Kuppel künftighin auf den Hosen und nicht mehr über der Schärpe zu tragen.

5.5 Pferdeequipage nach den Annalen

Eine Eschabracke von bleumeuranten Tuch mit schwarztuchener Besetzung und weißwollener Rundschnur eingefasst

Ein ungarischer hölzerner Sattelbaum mit Taschen, Grundsitz, Kissen und Anzugsriemen

Ein paar hölzerne Pistolenhalftern mit Gürteln

Ein Ruhriemen

Ein Karabinerschuh mit Riemen

Ein Bauchgurt von schwarz blankem Leder

Ein Obergurt mit Umgang und langen Anzugsriemen desgleichen

Ein paar Steigleder desgleichen

Ein paar Steigbügel

Bind-, Pack- und Mantelriemen von alaungarem Leder

Ein Hauptgestell mit Zügeln, Kreuz über der Nase, ledernen Rosen, Quasten unterm Kehlriemen; alles von schwarz blankem Leder

Ein paar Stangen

Eine ungarische Halfter mit blauem Tuch unterlegt, Riemen und Trensengebiß

Ein Hinterzeug mit Schnallenstücken

Ein Vorderzeug mit Schwungriemen

Eine große weißwollene Friesdecke unterm Sattel 4 Ellen lang und 3 Ellen breit

Ein paar Fouragiertstränge mit eisernen Ringen

Auch bei der Pferdeequipage entstanden nach und nach einige Verbesserungen. Sie bestanden in folgendem:

1) Die **Eschabracken** wurden vorn in der Gegend des Sattelknopfes mit Leder besetzt, weil das Tuch ohne diesen Besatz sehr stark litt und den Ruin der Eschabracke beförderte.

2) Der **Mantelsack** wurde nach der Probe bloß an beiden Seiten mittelst der Binderiemen an dem Sattel befestigt, in der Mitte hingegen ruhte er auf dem

Kreuze des Pferdes. Hatte der Mann den Mantelsack nachlässig gepackt und harte Gegenstände unten in die Mitte desselben gebracht, so war das Schwellen des Kreuzes unvermeidlich. Um dies zu verhindern, wurde am Frosche ein mittelster Mantelsackgürtel angebracht, der den Mantelsack an die Pritsche hinaufzog, das Kreuz des Pferdes lüftete und dem Schwellen desselben vorbeugte.

Die Anschaffung dieser beiden Stücke fällt ins Jahr 1797; da selbige jedoch in dem Auswurf der Pferde-Equipage nicht mit ausgeworfen waren ... so geschah deren Anschaffung und Unterhaltung auf eigene Kosten derer Capitains und der Nachfolger ersetzte dem Antecessor jedesmal nach einer getroffenen Übereinkunft entweder das Ganze oder einen Teil derselben nach der Beschaffenheit dieser Stücke.

Dagegen fiel ebenfalls im Jahr 1797 das Füttern und der gezackte Vorstoß von blauem Tuch an den ungarischen **Halftern** hinweg, da man diesen nutzlosen Putz in den Rheinkampagnen hatte eingehen lassen.

Die sonst beim Offizierskorps im Regiment eingeführten **Interims-Schabracken** mit zugespitzten Flügeln und rund ausgezacktem, schwarzen Tuchbesatz mit weißkamelhärnen Schnüren besetzt, denen Dienst-Schabracken der Unteroffiziers und Gemeinen sehr gleichend, kamen als zu simpel in Wegfall und Schabracken mit einem gleichen schwarzen Tuch- und Tressenbesatz sowie auf dem schwarzen Tuchstreifen angebrachter Verzierung von silbernen Schnüren, ganz nach der Zeichnung der nachherigen Dienst-Schabracken derer Offiziers traten an deren Stelle. (Anm. Zeitraum 1801 - 1806)

Die sonstigen **Parade-Schabracken** mit abgerundeten Ecken, darinnen befindlichem höchsten Namenszug und Tresseneinfassung auf der schwarzen glatten Kante, kamen im Jahr 1809 ganz in Wegfall und die oben bemerkten Interims-Schabracken traten an deren Stelle.

5.6   Einzelvorschriften

Am **14.03.1792** gab der Generalinspekteur der Kavallerie von Gersdorff hinsichtlich der Ajustierung folgendes:

<u>Punkte das Adjustement eines Husaren Offiziers betr:</u>

Die Offiziers egalisieren sich, insofern es anwendbar, nach dem im Regimente bei Unter-Offiziers und Gemeinen vorgeschriebenen Adjustement und sind, um denen Nachgesetzten ein Exempel zu geben, im Dienst jederzeit probemäßig adjustiert.

Auf der Halsbinde wird ein weißes Streifchen 1/2 Zoll (1,2 cm) breit getragen, die Manschetten werden vorgezogen und sind 1 1/2 Zoll (3,5 cm) breit.

Das Port d'Epée wird um den Bügel, nachdem es um den Griff des Säbels angeschleift, einmal umschlungen und hängt 5 Zoll (11,8 cm) herunter.

Zur Musterung und bei Hauptparaden wie auch bei Gala Tagen werden die Pelze dergestalt umgegangen, dass die Halsschnur, wo solche am Pelz befestigt, an die Schulter stoße. Die Flügel der Mützen hängen herunter und die mit silbernen Schüren besetzten Hosen werden angezogen.

Winterszeiten werden die Pelze, so wie im Sommer die Dollmans, zugeknöpft getragen und über letztere die Schärpe angelegt.

Wenn der Offizier kommandiert ist, so wird die Patronentasche umgehangen und die Mütze mit festgehefteten Flügel getragen.

Die Hüte sind nach der bei der Kavallerie eingeführten Facon, auf welchen weißpferdehärne Kokarden getragen werden.

<u>Punkte das Adjustement der Unter-Offiziers und Husaren betr: wie solche für jetzt bis zur Höchsten Approbation im Regimente introduziert sind</u>

Adjustement des Mannes

1) Der Federstutz ist 13 Zoll (30,7 cm) hoch

2) De Mütze ist 12 Zoll (28,3 cm) hoch, der Flügel 1 Elle (56,6 cm) lang, welcher nur en Parade herunterhängend getragen wird.

3) Der Kordon wird dergestalt durch die an der Mütze befestigte Schlaufe eingebunden, dass das obere Schild desselben mit dem oberen Teil der Mütze abschneidet und der untere Teil der Quasten dem unteren Rande der Mützen gleich hänge. Der Federstutz und Kordon wird auf der linken Seite geführt. Die Mützen werden bis auf die Augenbrauen gerade reingesetzt, damit solche fest stehen.

4) Die Seitenhaare werden gedreht und schneiden, wenn solche herunter hängen, mit dem oberen Rande der Halsbinde ab.

5) Der Haarzopf ist 3 1/2 Zoll (8,3 cm) stark, wird auf den unteren Teil der Halsschnalle eingebunden, 7 Zoll (16,5 cm) lang mit Band umwickelt und die oberen Enden des Bandes werden geknüpft, welche so lang als der Zopf bewickelt ist, herunter hängen. Die unteren Haare hängen, so lang als solche gewachsen, heraus.

6) Der Bart schneidet mit dem Schlitz des Mundes ab, wird mit etwas weichem Wachs und warm gemachten Kamm, ohne zu schwärzen, durchgezogen und die Enden auf beiden Seiten heraus gedreht, dass solche unterwärts hängen.

7) Die Halsbinde ist nach der gegebenen Probe 2 1/4 Zoll (5,3 cm) breit und wird mit einem 1/4 Zoll (0,6 cm) breiten weißen Streifchen geführt, nicht zu fest angelegt, am Hals hoch heraus gezogen.

8) Pelz und Dollman sind nach denen gegebenen Proben und Models, die Kragen von beiden gehen hinten hoch herauf. Wenn der Pelz umgegangen, wird solcher so hoch herauf gezogen, dass die Halsschnur, wo solche festgemacht, bis an die Achsel steht.

9) Die Schärpe wird dergestalt angelegt, dass vorne die 5 Knöpfe übereinander liegen. Die an den Schnuren befindlichen Knöpfe stoßen an den unteren Teil der Schärpe an, die Schnure wird untergesteckt.

10) Die Beinkleider müssen hoch herauf gezogen werden, die Hosenheben genau gepasst werden, damit die Beinkleider gut anliegen und nicht herunter fallen.

11) Die Stiefel gehen vorne bis an das Knie herauf, müssen weder in den Schuhen noch Schäften zu eng sein und die Hälse deren Sporen sind 1 $\frac{1}{2}$ Zoll (3,5 cm) lang.

12) Die Patronentasche wird dergestalt gefasst, dass der Mann, wenn er den Ellenbogen natürlich krümmt, auf den oberen Teil der Tasche mit selbigem zu liegen kommt.

13) Der Karabinerriemen steht unten 2 Zoll (4,7 cm) mit der Walze des Hakens unter der Patronentasche. Das Ende des Riemens ist von der Mitte der Schnalle, wo der Dorn eingebogen, 6 Zoll (14,2 cm) lang, dessen Spitze wird, jedoch ohne große Löcher zu machen, angestochen.

14) Das Säbelgehänge wird über die Schärpe angelegt, der vordere Schwungriemen muss so lang in den Säbelring eingeschnallt sein, dass der Mann den Säbelbeschlag gleich hinter dem Gefäß, ohne sich zu bücken, mit der linken Hand ergreifen kann.

15) Die Säbeltasche wird dergestalt eingeschnallt, dass der vordere Ring derselben auf den vorderen Ring das Säbels passt, die übrigen zwei Ringe sind nach Verhältnis des vordersten zu passen und die Schnallen von denen Säbeltaschenriemen sitzen in der Mitte.

16) Der Säbelriemen wird um den Griff durch den Daumenring gezogen, der Schieber vorn gezogen, um den Bügel gewunden, die Quaste von innen durchgesteckt und hängt vom Säbelbügel bis an den oberen Teil der Quaste 5 Zoll (11,8 cm) herunter. Wenn der Husar mit dem Karabiner auf der Schulter zu Fuß marschiert oder exerziert, so wird der Säbel mit dem an dem Gelenk befindlichen Haken in den ersten Ring der Säbelscheide eingehangen.

17) Die Handschuh werden zu Fuß in die Säbeltasche gesteckt.

18) Wenn der Unter-Offizier oder Husar zu Fuß außerm Gewehr geht, so greift er mit der linken Hand an die Säbelscheide, dass der Daumen dicht an dem Gefäß zu liegen kommt, und trägt den Säbel so, dass solcher hinten nicht aufschleift, wodurch auch die Säbeltasche abgehalten wird, zwischen die Beine zu schlagen. Wenn der Unteroffizier oder Gefreite den Säbel gezogen hat, so wird dieselbe Tragung mit der Säbelscheide beobachtet.

Am **13.07.1805** genehmigte der Kurfürst Zuschüsse (Teuerungsausgleich ggü. den im (nicht vorhandenen) Wirtschaftsreglement hinterlegten Fixkosten) zu den Stoffpreisen für die Anschaffung der neuen Dollmans der 2ten und 3ten Herstellung wie folgt: 5 Groschen auf jede Elle weißes und 6 Groschen auf jede Elle blaues Tuch sowie 9 Pfennige auf jede Elle Futterleinwand[29].

Die z.B. bei Hess gezeigten **Charivari** schafften die Mannschaften bis 1810 als Privatstücke auf eigene Kosten an[30].

Die Abänderung des messingnen Schilder auf den Patronentaschen der Unteroffiziere wird am **21.10.1808** anbefohlen. Danach sollen die Schilder statt des Kurhutes mit der Krone und dem Allerhöchsten Namenszug versehen werden. Bei Kosten von 22 Groschen pro Schild betrugen die Gesamtkosten bei 134 Unteroffizieren des Regiments 122 Taler und 20 Groschen.

Am **22.01.1809** genehmigte der König die nunmehr notwendigen Zuschüsse zur Materialbeschaffung für die zum 01.10.1810 anzulegenden neuen Dollmans wie folgt: 7 Groschen auf die Elle weißen und 9 Groschen auf die Elle bleumourantes Tuches sowie 9 Pfennige auf jede Elle Futterleinwand.

Am **02.04.1809** erließ der Regimentskommandeur „zur Beobachtung eines gleichförmigen Adjoustements im Regiment nachstehende Punkte":

1) Die Vautour-Federn sind 18 Zoll (42,5 cm) hoch und werden von nun an anstatt der Kapaun-Federn getragen, jedoch können auch Gänsefedern von gleicher Höhe im gewöhnlichen Dienst getragen werden, indem diese beim Unteroffizier und Husaren von der Höhe von 16 Zoll (37,8 cm) gleichfalls von nun an eingeführt sind.

2) Die Bataillen-Ketten und Schirme werden gut getan.

3) Von denen verschiedenen Kurtkas werden diejenigen mit blauen Kragen und schwarzer Einfassung im Garnison Dienst getragen; die, welche im Winter mit Pelz-Vorstoß besetzt sind, werden mit eben demselben Vorstoß, wie der derer Pelze ist, getragen und kein anderes Rauchwerk gut getan.

---

[29] Insgesamt wurden für 1.222 1/2 Ellen weißes und 61 1/8 Ellen blaues Tuch sowie 1.589 1/4 Ellen Futterleinwand Zuschüsse in Höhe von 319 Talern 15 Groschen und 2 1/4 Pfennigen ausgereicht.

[30] Ein Vortrag an den Generalmajor von Gutschmid vom 16.09.1809 führt aus: *„Es fanden nämlich die Mannschaften dieses Regiments ... schon seit Errichtung desselben die Anschaffung tuchener Überknöpfhosen aus nachstehenden Ursachen für höchst notwendig, weil: 1) bei schmutziger Witterung, wo nach vollbrachten Ritten dennoch zuweilen ein parademäßiges Adjoustement verlangt wird, solche die untere Bekleidung in der erforderlichen Reinlichkeit erhalten, 2) weil solche die zur Beimontur überkommenen tuchenen und ledernen Beinkleider während ihrer Haltezeit konservieren, indem der gewöhnliche Bahnendienst sowie Exerzieren der Eskadrons meistens in bloßen Unterzieh- und darüber habenden Überknöpfhosen geschieht, 3) solche auch bei der Kürze der Tailleurs Adjoustements gegen andere Regimenter, durch die Höhe des Bundes den Unterleib mehr bedeckend besonders beim Biwak zu Kampagnezeiten den Mann mehr vor Erkältungen des Unterleibes und dessen schädliche Folgen sichern und 4) ohne solche, durch den über den ungarischen Sattel gelegten Obergurt die ledernen ungarischen Hosen durch die eingezogene Nässe ... diese Lohflecken erhalten und, da solche durch nichts zu vertilgen sind, zu ferneren Paraden ganz untauglich würden, welches die übrigen Kavallerie-Regimenter ... durch die aufgelegten Sattelfelle ... nicht zu befürchten hatten. Alle diese ... Ursachen ... bewogen die Mannschaften sich ... zur Gleichförmigkeit des Winter Adjoustements blautuchene mit Leder besetzte Überknöpfhosen anzuschaffen, deren Aufwand ihnen mehrere Taler kam ..."*

4) Zum Überziehen auf Märschen können Spencer getragen werden, es müssen selbige aber bloß rund geschnitten und ohne alle Verzierung ein.

5) Wegen der Verschiedenheit in der Stickerei der Kartuschen und Kuppels werden beim Hrn. Rittmeister Schiefer und dem Regiments-Sattler Zeichnungen so auch Proben über die Breite der Riemen anzutreffen sein, und jeder Offizier wird sich bei etwaiger Anschaffung neuer dergl. Stücke selbige aufs genaueste so fertigen lassen.

6) Die kamelhärnen Schärpen werden zur Parade mit silbernen Knöpfen, Schnüre und Quasten, letztere so wie an denen Pelzen, getragen.

7) Werden zu allen Dienst außer Hauptparaden, wo es besonders befohlen werden wird, blaue Beinkleider nach einer, ebenfalls beim Hrn. Rittmeister Schiefer und dem Schneider Schubert sich befindlichen Zeichnung getragen, da hingegen aber auch bei keiner Gelegenheit, weder in noch außer Dienst andere als diese und am wenigsten mit Tressen besetzte, angezogen. Die Überknöpfhosen sind mit blanken Knöpfen, gleich denen auf der Kurtka und schwarzen Manchester besetzt.

8) Die bisher im Regiment geführten geflochtenen Hauptgestelle werden ferner beibehalten und zu Paraden ebenso geführt, nur mit dem Unterschiede, dass auf diesen 3 Namenszüge, auf dem Hauptgestelle, dem Vorder und dem Hinterzeuge, auf jeden einen, sich befinden, so wie auch der halbe Mond, wie anderen sonstigen Parade Hauptgestellen, an diesen geführt wird. Eine Probe von dem Interims sowohl als auch Parade Zeuge, ist bei Hrn. Major v.Lobkowitz zu ersehen.

Den Offizieren der nach Dresden ausrückenden 2 Eskadrons wird durch Regimentsbefehl am **11.04.1809** zur Verminderung der Equipage erlaubt „ die Dolmans zurückzulassen, doch werden wegen der Nähe von Dresden wenigstens 1 paar weiße Beinkleider mitgenommen."

Mit der **AHO vom 13.04.1809**: „... ist die Abänderung der seitherigen Ajustierung der Generals, Stabs- und Oberoffiziers bei den Corps und Regimentern der Kavallerie und Infanterie und eine Abzeichnend der verschiedenen Grade, durch nachstehendes Regulativ vom 1. Mai dieses Jahres an, festgesetzt worden.

11) Den Kavallerie-Offiziers wird das Tragen der grauen Unterkleider zum gewöhnlichen Dienst ebenfalls nachgelassen.

17) Die Auszeichnung des Obersten bei den Husaren, soll in einer dreifachen Tressenbesetzung der äußeren Naht an den Beinkleidern, und einer fünffachen auf dem Platze derselben, jede 1 Zoll breit bestehen. Der Oberstleutnant trägt ebenfalls diese Besetzung, nur dass dieser auf der Naht eine, und am Latze 2 Tressen von Golde tragen soll. Die Majors zeichnen sich durch eine dreifache Besetzung auf der Naht und eine vierfache auf dem Latze aus; die Rittmeister durch eine einfache auf der Naht und eine dreifache auf dem Latze, nämlich 2 von egaler Breite, die mittlere aber etwas schmäler; die Premierleutnants durch eine einfache dergleichen Besetzung auf der Naht und eine doppelte auf dem Latze, eine

etwas schmäler als die andere, und die übrigen Subaltern-Offiziers durch eine einfache Besetzung auf der Naht und eine spitzig zu aufgesetzte begleichen am Latze.

19) Die Korporals bei den Husaren tragen auf den Ärmel einen aufwärts stehenden Winkel ^ von Borde, die Fahnenjunker deren 2 übereinander und die Wachtmeister ebenfalls 2 dergleichen von Tresse.

Die **AHO vom 21.04.1809** verfügte, dass zum 01.05.1809 „...bei dem Husaren Regiment die zeither bei den Offiziers in Gebrauch gewesenen weißen Hosen ganz wegfallen und an deren Stelle blaue dergleichen von Tuch, mit der in dem Regulativ vom 13ten dieses vorgeschriebenen Besetzung getragen werden sollen...“

5.7 Die Materialauswürfe nach den Reglements von 1791 bis 1809

5.7.1 Die Leibesmontur

Bei der Errichtung des Husarenregiments wurde folgendes ausgeworfen:

Ein Dolman (2 Jahre Haltezeit)

2 ½ Ellen weißes Tuch	3 ¼ Ellen graue Futterleinwand
⅛ Ellen blaues Tuch	23 Ellen Rundschnur
7 Ellen breite Borte	3 Ellen schmale Borte
1 ½ Dutzend hohe Knöpfe	3 Dutzend Muscheln[31]
Lederbesetzung für Ärmel und Schoß[32]	

Hierüber   7 Ellen breite Borte auf 1 Unteroffiziers-Dolman bzw.
14 Ellen schmale Borte auf 1 Wachtmeister oder Junker Dolman zu schlangenförmiger Besetzung

Ein Pelz (4 Jahre Haltezeit)

2 ½ Ellen blaues Tuch	¼ Ellen Futterleinwand
1 Halsschnur mit Knopf	22 Ellen Rundschnur
6 ½ Ellen breite Borte	3 Ellen schmale Borte
1 ½ Dutzend hohe Knöpfe	3 Dutzend Muscheln
6 Stück Quästchen	Pelz[33]

Hierüber   6 ½ Ellen breite Borte auf 1 Unteroffiziers-Dolman bzw.
13 Ellen schmale Borte auf 1 Wachtmeister oder Junker Dolman zu schlangenförmiger Besetzung

Ein Glockenmantel (Haltezeit 8 Jahre)

8 Ellen blaues Tuch   Knopf und Heftel

---

[31] Mit Muschel werden hier halbrunde Knöpfe bezeichnet.

[32] Der Macherlohn inkl. Lederbesetzung betrug 16 Groschen

[33] Der Macherlohn für den Schneider betrug 10 Groschen, jener für den Kürschner inkl. des Pelzes 4 Taler

5.7.2 Die Beimontur

Bei der Errichtung des Husarenregiments wurde folgendes ausgeworfen:

Stück	Kosten			Haltezeit
	Tl.	Gr.	Pf.	Jahre
2 Hemden à 12 Gr.	1	-	-	1
1 schwarze Halsbinde mit Schnalle	-	4	-	1
1 Zopfband	-	2	-	1
1 pr. Stiefeln mit Sporen[34]	3	16	-	2
1 pr. Vorschuh	1	8	-	2
1 pr. Sohlen	-	6	-	2
1 pr. wild- oder bockhäutene ungarische Hosen mit deutschem Bund	3	18	-	3
1 pr. Tuch- mit Unterziehhosen[35]	1	12	-	3
1 Kittel	-	18	-	2
1 schwarze Filzmütze mit Zubehör	1	21	-	2
1 Fouragiermütze[36]	-	8	-	5
Strümpfe oder Socken	-	10	-	2
1 Schärpe	2	-	-	6

Die **schwarze Mütze** von Filz bestand im Einzelnen aus:

	Tl.	Gr.	Pf.
der Mütze inkl. Schweißleder	-	18	-
1 1/4 Ellen blauen Rasch	-	5	-
7 Ellen weißes Band	-	3	6
1/4 Elle grauer Leinwand	-	-	6
Macherlohn[37]	-	4	-
1 Cordon	-	6	-
1 Federstutz[38]	-	8	-

---

[34] Die Stiefel sollten von" „... gutem Rindsleder, jedoch weder gebrannt noch gewichst, auch nach der bei den Husaren anderer Mächte gebräuchlichen Facon gemacht sein ..." AHO 10.07.1791 / Am 29.12.1808 machten die General-Inspekteurs der Kavallerie, von Zastrow und von Feilitzsch, geltend, dass die Stiefel nunmehr nicht unter 4 Talern 16 Groschen und die ledernen Hosen nicht unter 4 Talern 18 Groschen zu erlangen wären.

[35] Diese Tuchhosen kosteten im Jahre 1806 1 Taler 16 Groschen und 9 Pfennige und kamen bereits 1808 2 Taler und 6 Pfennige zu stehen.

[36] Materialbedarf 1/2 Elle blaues Tuch und 2/13 Ellen weißes Tuch zum Besatz

[37] um die Mütze zuzuschneiden, zu besetzen, zu füttern, mit ledernen Bataillen Bändern, grauen Schnuren zum Einziehen des Kopf-Futters und Heftel zu versehen

[38] „Die Federstütze werden von den Gemeinen egalisiert werden, widrigenfalls wird die allgemeine Probe statt finden." Rtm. von Lindenau, Marschquartier Allerstadt 30.08.1808

5.7.3 Das Lederwerk

Bei der Errichtung des Husarenregiments wurde folgendes ausgeworfen:

Stück	Kosten			Haltezeit
	Tl.	Gr.	Pf.	Jahre
1 büffelhäutener Karabinerriemen mit doppeltem Haken und Schnalle	2	-	-	8
1 büffelhäutener Patronentaschen-riemen mit schwarzlederner Patronentasche und eiserner Schnalle	1	12	-	8[39]
1 Säbeltasche von schwarzem Schafleder mit tuchenem Deckel	-	20	-	4
1 büffelhäutenes[40] Säbelgehenk	1	12	-	6
1 schwarzlederner Säbelriemen	-	1	6	3

Zu einer **Säbeltasche** wurden im Einzelnen gegeben:

¼ Elle blaues Tuch	-	3 Gr.	9 Pf.
⅝ Ellen Leinwand	-	1 ″	3 ″
weißes Tuch zum Besetzen, Rund-	-		
schnur, Pappe und Macherlohn	-	7 ″	- ″
Täschner-Arbeit	-	8 ″	- ″

Ein **Säbelgehenk** bestand aus
4 Schwungriemen
3 Säbeltaschenriemen
3 messingnen Ringen
3 messingnen großen und
3 kleinen Schnallen
1 Schlangenhaken

Die Unteroffiziere trugen Kartuschen mit messingnen Schildern, auf denen sich der Kurhut und der höchste Namenszug befanden. Die Schilder erhielten im Oktober 1808 die königliche Krone und den Allerhöchsten Namenszug[41].

---

[39] Die Patronentaschen hatten einen hölzernen Patronenkasten für 30 Schuss und vorn unterm Deckel eine Tasche für die Steine

[40] Das büffelhäutene Lederwerk wurde aus altem, im Hauptzeughaus vorhandenen Infanterie-Lederwerk hergestellt. Es wurden in natura gegeben auf: 1 Karabinerriemen = 1 ⅕ Inf.-Patronentaschenriemen; 1 Patronentaschenriemen = 1 Inf.-Patronentaschenriemen; 1 Patronentasche = 2 Musketierpatronentaschen; 1 Säbelgehenk = 1 Inf.-Degenkuppel + 1 Pistolentaschenriemen + ½ Kartuschriemen + ¼ Pistolentasche.

[41] „Auf Veranlassung Ew. König. Majestät General-Major und General-Inspekteur der Kavallerie von Zastrow haben die messingnen Schilder auf den Patronentaschen der Husaren Unteroffiziers dahin abgeändert werden müssen, dass solche, wie auf den Offiziers-Kartuschen, statt des vormaligen Kurhutes mit der Königlichen Krone und dem Allerhöchsten Namenszug versehen werden." Dresden 25.08.1808

5.7.4 Die Pferdeequipage

Bei der Errichtung des Husarenregiments wurde folgendes ausgeworfen:

Stück	Kosten			Haltezeit
	Tl.	Gr.	Pf.	Jahre
1 ungarischer Sattel	1	12	-	8
1 pr. hölzerne Holster mit Gürtel und Ruhriemen	1	6	-	8
1 lederner Bauchgurt	-	12	-	4
1 dergl. Obergurt mit Umgang und Anzugriemen	-	16	-	6
1 pr. Steigleder	-	10	-	6
1 pr. Steigbügel	-	16	-	8
Binde-, Pack- und Mantelriemen	-	6	-	6
1 Karabinerschuh mit Riemen	-	10	-	6
1 Hauptgestell mit Zügel	1	-	-	6
1 Halfter mit Zügel-Riemen und	1	4	-	6
1 pr. Stangen	-	14	-	8
Zur Verzinnung der Stangen, Steigbügel und Sporen	-	8	-	4
Hinter- und Vorderzeug	1	-	-	6
1 Schabracke	3	-	-	8
1 wollene Decke unter den Sattel	2	12	-	8
1 Deckengurt	-	4	-	4
1 Mantelsack[42]	-	18	-	8
2 Futtersäcke und Tornister	-	8	-	2
1 Striegel	-	6	-	2
1 Kartätsche	-	6	-	2
1 Putzschere u. solche zu schleifen	-	4	-	8
1 Mähnenkamm	-	2	-	2

Der **ungarische Sattel** bestand aus:

Sattelbaum	-	16	-
Taschen	-	10	-
Grundsitz	-	2	-
Einschnür- u. Anzugriemen zum Baum und Anbinderiemen zum Gurten	-	2	-
Kissen mit Kälberhaaren gefüllt	-	6	-

---

[42] Materialbedarf $7/8$ Ellen blaues Tuch

Für die **Schabracke**[43] wurden gegeben:	Tl.	Gr.	Pf.
2 1/2 Ellen blaues Tuch	1	15	6
3/4 Ellen schwarzes Tuch z. Besatz	-	10	6
3 1/2 Ellen Leinwand/Zwillich	-	7	-
29 Ellen Rundschnur	-	4	10
Macherlohn	-	12	-

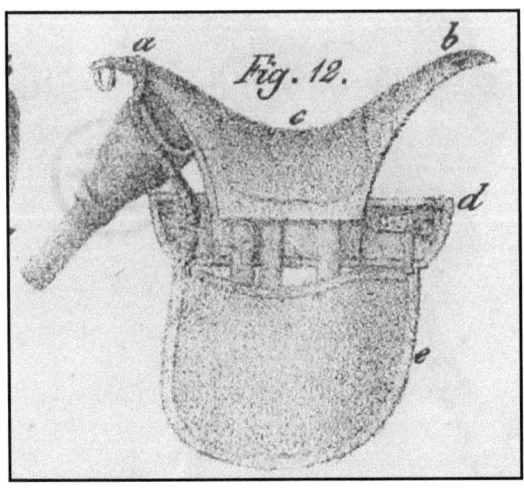 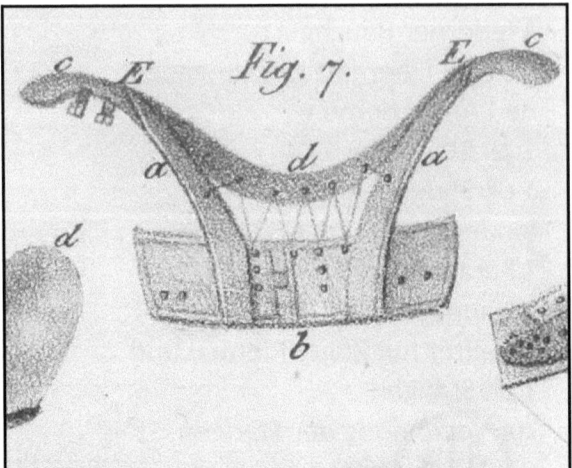

Abb. 12 **Ein ungarischer Sattel** (Fig.12) a) der vordere und b) der hintere Zwiesel; c) der Sitz; d) die Stege oder Schaufeln; e) die Seitenblätter sowie ein ungarischer Sattelbaum (Fig.7) a) die Zwiesel; b) die Wege oder Schaufeln; c) die Löffel; d) der Grundsitz (beim Tenneckerschen Sattel sind die Zwiesel abgerundet und die Löffel fehlen). (Schulze)

5.7.5 Die Feldequipage[44]

An Feldequipage wurden ausgeworfen   1 Feldflasche je Mann und
1 Zeltbeil je 4 Mann

5.7.6 Einzelvorschriften zum Packzeug und zur Pferdeequipage

Mit den am **14.03.1792** vom General-Inspekteur von Gersdorff aufgegebenen Punkten zum Adjustement für die Unteroffiziers und Gemeinen auch Vorschriften zum Adjustement der Pferde wie folgt gegeben:

1) Die Mähnen werden auf die linke Seite gekämmt.

---

[43] Bei der Neuanschaffung der Schabracken nach 1806 wurden gegeben: 5 statt 3 1/2 Ellen Zwillich, 10 statt 12 Groschen Macherlohn, 25 statt 29 Ellen Rundschnur und zusätzlich 12 Groschen für die Besetzung mit Leder.

[44] Die mobilen Eskadrons sollten für den Feldzug 1809 wohl mit Feldkessel ausgerüstet werden „Da das Husaren-Regiment keine Feldkessel als Inventarium von jeher gehabt, so fehlen der 2ten und 3ten Eskadron komb. Eskadron nebst den hierzu annoch gehörigen 2 Knechten und Pferden auch die annoch nötigen Feldkessel" Major v.Lobkowitz, Pressburg 04.09.1809

2) Der Schopf wird dergestalt verrupft, dass solcher bis auf die Augen des Pferdes reiche.

3) Die Schweife werden bis über die Warze am Fesselgelenk verschnitten, damit die Pferde beim Zurückgehen die Haare am Schweif nicht austreten. Bei Paraden wird im Schweife, eine gute Spanne von oben an gerechnet, ein ungarischer Knoten geknüpft.

4) Die Stangen liegen 1 Zoll über den Haken. Bei ungeschützten Mäulern hat es Abänderungen.

5) Die Kinnkette wird nicht zu lang von oben in den Haken gelegt.

6) Das Hauptgestelle und das daran auf der Stirn befindliche Kreuz muss gut gepasst werden.

7) Der Nasenriemen muss nie so fest geschnallt werden und schneidet mit der oberen Kante unter dem Halfter ab.

8) Die Ketten der Trense liegen außerhalb des Nasenriemens und müssen nicht zu lang sein.

9) Der Sattel liegt hinter denen Blättern des Pferdes. Die Pistolenholster werden nicht zu scharf angebunden, dass solche die Pferde nicht scheuern und nicht so weit vorstehen.

10) Die Decke wird neunfach zusammen gelegt, das übergeschlagene Ende wird vorgenommen und das eingeschlagene Ende rückwärts eingelegt. Beim Satteln wird vorne von der Decke eine Kammer gemacht.

11) Die Rose vom Vorderzeug liegt mitten auf der Brust, und der Sattel und Obergurt werden durch die Schlaufe des Sprungriemens gezogen, dieser muss nicht zu kurz sein.

12) Das Hinterzeug darf nicht zu scharf angezogen sein, damit die Rute vom Pferd nicht gerieben wird.

13) Der Karabiner-Schuh steht 1 Zoll unter den Pistolen Holstern.

14) Der Ruhriemen wird durch die Parierstange gezogen, hinter dem Karabiner-Hahn zweimal umschlungen und in die Schnalle, welche vorwärts nach dem Sattel zu sein muss, eingeschnallt.

15) Die Schnallen an den Steigledern werden hoch herauf gezogen.

16) Die Eschabracken bedecken vorne Pistolen und Mantel völlig. Der Umgang, welcher die Eschabracke befestigt, wird vorne zugeschnallt.

17) Der Mantel wird so lang gewickelt, dass er, wenn solcher aufgebunden, mit den unteren Enden der Pistolenholster abschneidet. Ober wird er so hoch herauf gezogen, damit er nicht aufliegt und das Pferd brennt.

18) Der Mantelsack wird durch die Binderiemen, nach dem Sattel zu, scharf angezogen, damit er nicht in der Mitte zu sehr aufliegt.

19) Die Hufeisen werden an dem rechten Pistolenholster auf Hufeisenleder geführt.

20) Feldflasche und Feldbeil werden an dem linken Pistolenholster, so dass die Pistolen frei bleiben, angehangen.

21) Die Fouragierstränge werden, auf beiden Seiten rund gewickelt, an den Mantelsackpackriemen unter der Eschabracke befestigt.

22) Die Tornister werden im Futtersack geführt und letzterer, in welchem auf einen Tag Futter befindlich, wird unter die Eschabracke im Sattel gesteckt. Wenn es befohlen wird, gesponnen Heu zu führen, so wird solches nach der Länge des Mantelsacks auf solchen mit denen Binderiemen befestigt.

23) Der Kampierpfahl wird auf der rechten Seite, in der am Karabiner-Schuh befindlichen Schlaufe geführt.

24) Anbefohlenermaßen soll in dem Mantelsack geführt werden: 2 Hemden,; 1 pr. weißtuchene ungarische Hosen; 1 pr. Unterziehhosen; 1 Kittel; 1 Fouragier-Mütze; 4 Schnupftücher; 1 lederner Beutel (zu Putzschere, Kamm, Stiefelschmiere und anderen Kleinigkeiten); 1 Spiegel; 1 Kartätsche; 1 Mähnen-Kamm; 1 Bürste mit Spiegel; 1 Tonbürste; 1 Kugelform mit Krätzer.

———

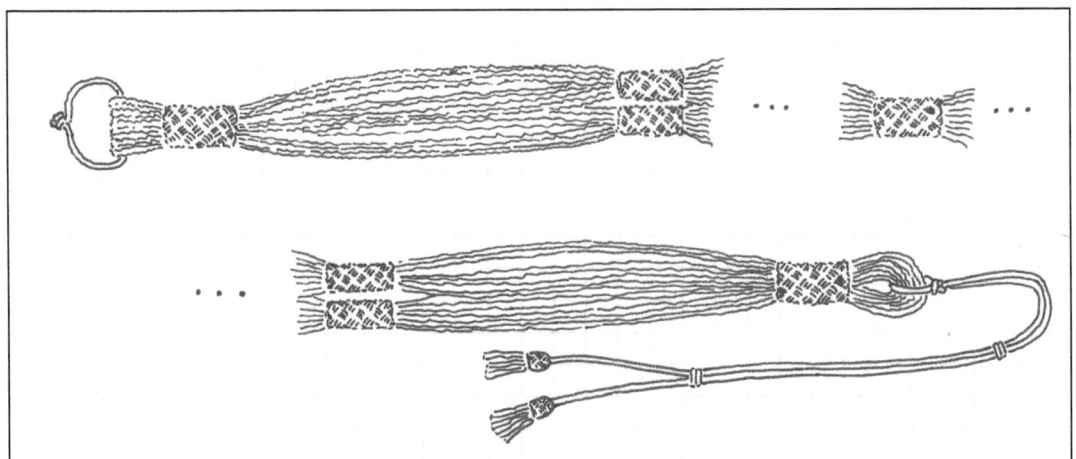

Abb. 13   Schärpe für Mannschaften mit 7 Knöpfen
(Original im DHM für das preuß. Husaren-Regiment No. 1 von 1786 / 17mal parallel hin und her gelegte rote Wollschnur, Gesamtlänge 337,5 cm; 7 weiße wollene Knöpfe, 5,0 - 5,5 cm lang, 2,3 bzw. 1,6 cm Durchmesser; Peitsche aus weißer Wollschnur, 64,5 cm lang, Quastenlänge 7 cm; Schnurdurchmesser rot 0,4 cm, weiß 0,5 cm)

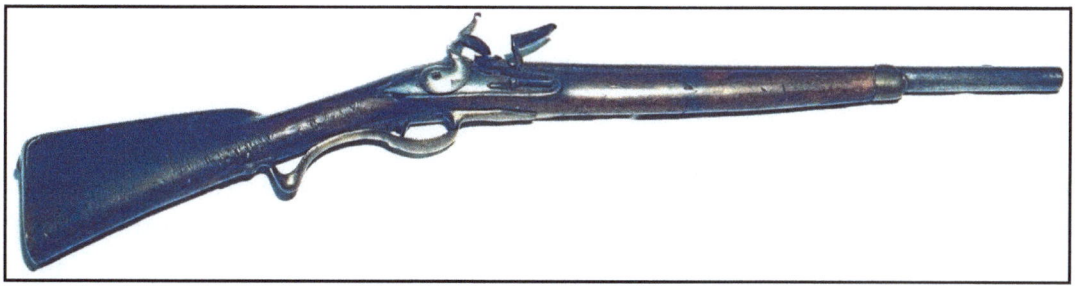

Abb. 14   Husaren-Karabiner M 1796 (Brucksch)

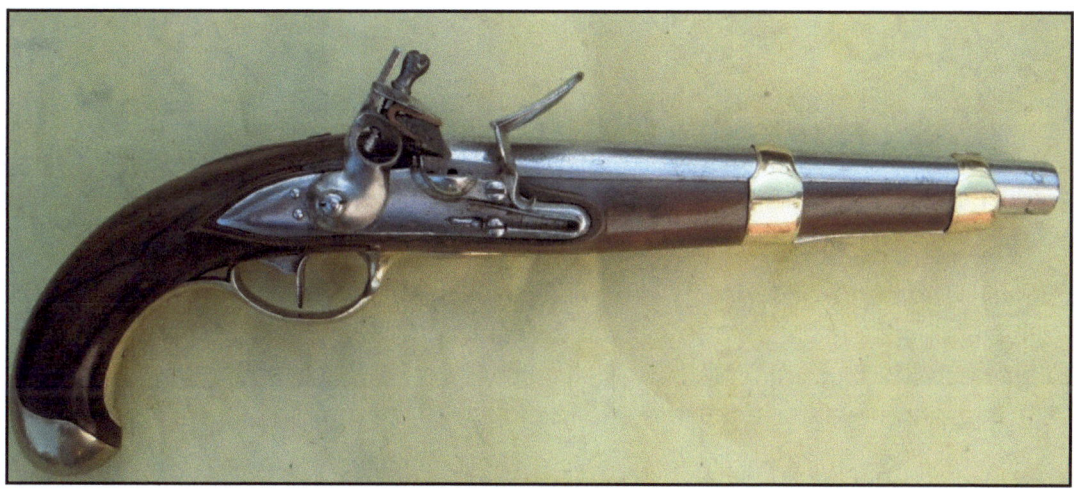

Abb. 15   Husaren-Pistole M 1796 (Brucksch)

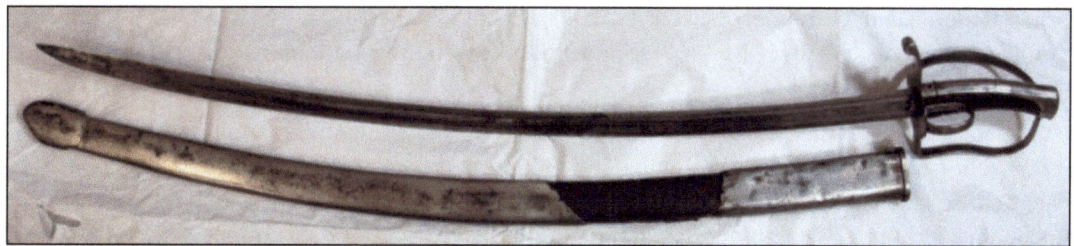

Abb. 16   Säbel Mannschaft (Weißenfels)

6. Die Bewaffnung

Die Mannschaften des Regiments waren bewaffnet mit einem Karabiner, ein paar Pistolen und einem Säbel. Die Unteroffiziere führten nur Pistolen und Säbel.

6.1. Der Karabiner

Die Husaren erhielten bei ihrer Aufstellung im Jahre 1791 nicht den von der übrigen Linien-Kavallerie getragenen M 1787/89 sondern aus Zeughausbeständen 880 Stück M 1763. Entsprechend den Anforderungen des Husaren-Dienst wurde dieser Karabiner[45] um rund 94 mm (4 Zoll) auf rund 1.216 mm gekürzt.

Im November 1799 erhielten die Husaren den in Olbernhau gefertigten halbgeschäfteten und mit Messinggarnitur versehenen Karabiner M 1796.

Länge des Laufes	510 mm	Kaliber	17,5 mm
Gesamtlänge	865 mm	Gewicht	2.755 g
Länge Karabinerstange	198 mm	Länge des Schaftes	720 mm

Der Ladestock wurde nicht mehr an der Waffe sondern gesondert am Bandelier geführt, da er auch zum Laden der Pistolen genutzt wurde[46].

Mit Suhl wurden 1807 Kontrakte zur Lieferung von 400 Karabinern (mit herzförmigen Hahn) und 530 paar Pistolen geschlossen, die im Dezember 1807 im Hauptzeughaus eintrafen. 1809 wurden weitere 100 Karabiner und 100 paar Pistolen bestellt. Weitere Ersatzbeschaffungen für Feldzugsverluste fanden nicht statt und waren wahrscheinlich bis 1813 auch nicht nötig[47].

---

[45] Es wird angenommen, dass es sich dabei um den (bei Vollmer unter der No. 80 aufgeführten) Dragoner Karabiner M 1763 handelt. Die Längenangabe stammt von Vollmer (4 Feet 3 inch). Nähere Angaben zu dieser Waffe lassen sich weder bei Lander/Brucksch noch bei Thierbach oder Schön finden. Da nach Lander/Bruksch (S. 183) der Karabiner M 1796 etwa 8 - 9 Zoll (188 - 212 mm) kürzer als der gekürzte M 1763 gewesen ist, kann dieser Karabiner nur knapp über 1.000 mm lang gewesen sein.

[46] „Die Karabiner … scheinen mir von der Art zu sein, dass sie eine Empfehlung verdienen. Das bloße Rohr ist 21 1/2 Zoll (ca. 51 cm) und der Karabiner mit dem Kolben 36 Zoll (ca. 85 cm) lang; es wiegt ein solcher Karabiner 5 Pfund 22 Loth (ca. 2,7 kg). Sie werden beim Regiment zur Parade und beim Exerzieren im Karabiner-Schuh und Ruhriemen geführt und inkommodieren wegen ihrer Leichtigkeit den Mann eben so wenig als das Pferd. Der an einem ledernen Riemen hängende eiserne Ladestock wird an der Patronentasche befestigt … zum Laden der Pistolen gebraucht. Diese Art, den Ladestock zu führen, scheint mir die einzige zweckmäßige Art zu sein, denn der Mann steckt ihn beim Laden in den Stiefel, wird ihn nie verlieren und auch keine Zeit, ihn an seinen Ort zu bringen, nötig haben. Dieser … Karabiner ist nicht gezogen, die wenige Schwere … aber macht es dem Manne leicht, selbigen immer im Haken bei sich zu führen." (Lindenau S. 9)

[47] **Zugang:** 1796 Stück 1.180 + 1807 Stück 400 + 1809 Stück 100 = Gesamt Stück 1.680 // **Abgang:** Feldzug 1806 Stück 378 + Wegnahme durch die Bayern 1806 Stück 192 Stück + Feldzug 1809 Stück 84 = Gesamt Stück 354 // **Verbleiben zur Verfügung** 446 Stück (neben den im Regiment befindlichen 880 Stück) // Selbst wenn in den Rheincampagnen etc. weiterer Verlust eingetreten war, sollten die rund 300 - 320 Husaren im Mai 1813 einen Karabiner erhalten haben.

6.2 Die Pistole

Ebenfalls 1799 erhielt das Husaren-Regiment die Pistole M 1796[48] mit Nussbaumvollschaft und Messingbeschlägen; Schloß M 1789 mit herzförmigen Hahn; kein Ladestock.

Länge des Laufes	243,0 mm	Kaliber	17,9 mm
Gesamtlänge	393,0 mm	Gewicht	1.165 g

Gelieferten wurden diese Pistolen von der Fabrik in Olbernhau. Da die Unteroffiziere keinen Karabiner führten, mussten für 143 paar Pistolen je ein Ladestock mitgeliefert werden[49]. Das Paar Pistolen kostete 1796 6 Taler 12 Groschen und 1807 6 Taler 20 Groschen.

In Olberhau waren 1.363 paar Pistolen bestellt und bis 1799 geliefert worden. Die Ersatzbestellung von 1807 in Suhl umfasste 530 paar Pistolen[50]. Die Neuaufstellungen des Jahres 1813 müssen bereits die Pistole M 1812 erhalten haben[51].

6.3 Die Säbel

Am 19.01.1791 wurde durch den Generalinspekteur der Kavallerie, Grafen Bellegarde, die Anschaffung von 1.028 neuen Husaren-Säbeln zum Preis von 4 Talern 12 Groschen inkl. Scheide bewilligt. Im Oktober 1791 lieferte der Klingenschmied Kummer/Suhl die ersten 534 Klingen und der Schwertfeger Eichler/Dresden die ersten 200 Säbel.

Die Scheide war von Holz mit Eisenbeschlägen (Mundblech 195 mm und Ortblech 590 mm lang / Weißenfels) und Lederüberzug.

Die Maße (in mm bzw. g)	Hilbert 1a	Hilbert 1b	Weißenfels	Offizier
Gesamtlänge (mm)	995	1.075	1.005	992
Klingellänge (mm)	855	875	870	853
Klingenbreite (mm)	37	35	33	30
Pfeilhöhe (mm)	55	63	53	21
Gewicht (g)	900	810	k.A.	685

---

[48] Wird bei Vollmer als Kavallerie-Pistole M 1807 (Pos.No. 111) mit Herstellungsort Suhl geführt. Hierzu gibt Vollmer unter Pos.No. 112 eine Husaren-Pistole M 1807 mit Schwanenhals-Hahn und Messingpfanne im Kaliber 16 mm (530 Paar/Sauer). Die 1807 bei Spangenberg und Anschütz gefertigten Pistolen haben eine eiserne Pfanne, herzförmigen Hahn und Kaliber 17,3 mm.

[49] Lander/Brucksch zeigen eine solche zur M 1796 bauartgleiche Pistole aus Olbernhauer Fertigung mit Ladestock (S.185).

[50] Die Ersatzlieferungen für die Feldzugverluste von 1806 erfolgten im Februar 1807 mit 352 Säbeln und 13 Karabinern sowie im April 1808 mit 484 Säbeln, 375 Karabinern und 1.045 Pistolen mit 375 Karabiner- und 150 Pistolen-Ladestöcken.

[51] **Zugang**: 1796 Paar 1.363 + 1807 Paar 530 + 1809 Paar 100 = Gesamt Paar 1.993 // Abgang: Feldzug 1806 Paar 515 + Wegnahme durch die Bayern 1806 Paar 281 + Feldzug 1809 Paar 108,5 = Gesamt Paar 904,5 // **Verbleiben zur Verfügung** 65,5 Paar (neben den im Regiment befindlichen 1.023 Paar). Dazu kommt noch der eventuelle Verlust in den Rheincampagnen.

Die Säbel hat ein eisernes Gefäß, doppeltes Stichblatt, einen Seitenbügel und einen Daumenring. Die Griffkappe ist genagelt und oben abgeflacht. Die Griff ist mit schwarzem Leder überzogen und hat keine Wicklung. Die Klinge sollte den Höchsten Namenszug nicht aufweisen und auf beiden Seiten mit Hohlkehle und Zug versehen sein[52].

Die **Offiziere** führten Säbel mit Griffbügel in Messing (sh. Abb. 10 + 11) und mit Messing beschlagene schwarzlederne Scheiden (sh. Abb. 04 - 06). Abweichungen hiervon sind aber durchaus möglich[53].

7.   Die Reglements

Das gültige Reglement war das „Exercir-Reglement für die Churfürstl. Sächsische Kavallerie Anno 1777".

Es wird und muss - schon allein wegen der zweigliedrigen Aufstellung und der nur 4 Offiziere je Eskadron - Ergänzungspunkte, Instruktionen oder ähnliches gegeben haben. Solche haben sich bisher aber noch nicht auffinden lassen[54].

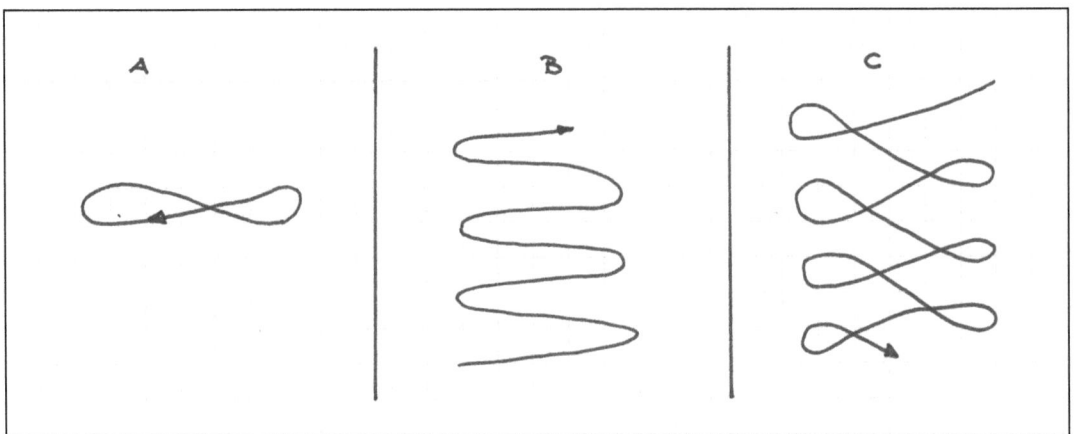

Abb. 17   Reitwege eines Flankeurs im zerstreuten Gefecht
(A - auf der Stelle, B - im Avancieren, C - im Retirieren (Lindenau))

---

[52] Die Maßangaben Hilbert sind dem „grünen Buch" entnommen und führen unter Hilbert 1a den Husarensäbel von 1791 und Hilbert 1b die gleiche Waffe mit den Änderungen von 1820 (Seitenbügel und Daumenring entfernt; Lederschlaufe statt Daumenring). Eine Stempelung aus der Zeit bis 1815 wird nicht erwähnt.

[53] Im Hilbert 2 werden 3 Stück Kavallerie- (Husaren-?) Offizierssäbel um 1800 (Nummern 113-115) gezeigt, die aber 2 oder 3 Seitenbügel aufweisen. Der im Hilbert 1 gezeigte Offizierssäbel (Nr. 45) kommt in der Form dem bei Reinhold dargestellten Säbel nah, verfügt aber über eine eiserne Garnitur. Kessler/Schulze beschreiben den Säbel der Abb. 10 und 11 (Maße unter Offizier Pkt.6.3, das Gesamtgewicht des Säbels mit Scheide betrug 1.280 g)

[54] Die Akten enthalten einige eingereichte Aufsätze von Offizieren des Regiments an Höhere Stellen, die jedoch nur einzelne Punkte für die Kavallerie im Ganzen behandeln. An gedruckten Werken sei hier u.a. auf Lindenau's „Entwurf einer Anweisung ... bei Gefechten in zerstreuter Ordnung ..." Leipzig 1806 oder „Vom Dienst der leichten Kavallerie im Felde" Dresden 1802 verwiesen.

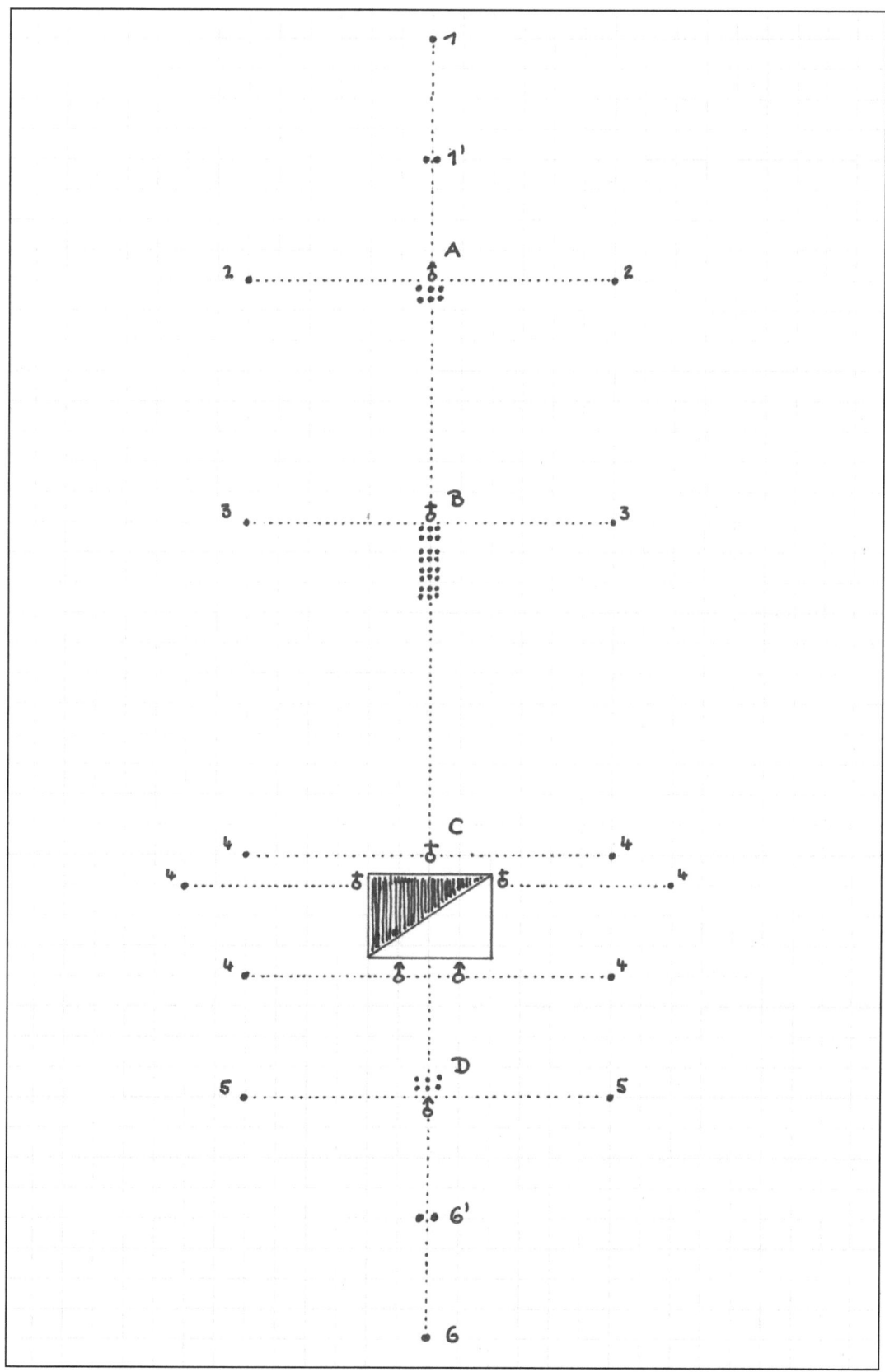

Abb. 18   **Eskadron im Marsch mit Avant-, Arrier-Garde, Seitenpatrouillen**
(zur Erläuterung sh. Anm. 55)

Aufgrund dieser Unkenntnis lässt sich nur darüber spekulieren, ob und inwieweit die vermuteten Instruktionen Eingang in das neue Exerziereglement von 1810 gefunden haben[55].

8.   Die Standarten

Das Husarenregiment führte keine Standarten.

9.   Die Signale[56]

Signale mit der Trompete gab es u.a. für:
- Avancieren oder Marsch   - Trab   - Galopp
- Attackieren oder Marsch, Marsch   - Halt   - Retirieren, tiefe Post
- Rechts oder Links seitwärts   - Alarm   - Appell

10.   Die Pferde

Die Husaren ritten polnische Remonte[57], die von der Steppe weggefangen in Herden nach Sachsen getrieben wurden und deren vollständige Dressur und Ausfütterung im Regiment erfolgte. Die Pferde (Stute und Wallach) wurden im Alter von 4 (- 5) Jahren in Reih und Glied gestellt und verblieben bis zum Alter von 10 - 11 Jahren (teilweise bis 13 Jahre und älter) im Regiment in diesem Dienst. Danach konnten sie noch zur Rekrutenausbildung, als Reit-Klepper oder beim Train Ver-

---

[55] Erläuterungen zu Abb. 18: Avantgarde = 1 - Spitze mit 1' - Sekundanten; A - Unteroffizierstrupp mit 2 - Seitenpatrouillen; B - Offizierstrupp mit 3 - Seitenpatrouillen / C - Eskadron mit 4 - Seitenpatrouillen / Arriergarde = D - Unteroffizierstrupp mit 5 - Seitenpatrouillen; 6 - Spitze mit 6' - Sekundanten // Entfernungen: je 200 Schritt 1 zu 1', 1' zu A, C zu D, D zu 6', 6' zu 6; je 300 Schritt 2 zu A, 3 zu B, 4 zu C, 5 zu D; 400 Schritt 4 zu C, A zu B; 600 Schritt B zu C.

[56] Die Signale sind in Notenschrift im Ecerzir-Reglement von 1810 enthalten, ob diese so ab 1791 bei den Husaren zur Anwendung kamen ist nicht bekannt.

[57] Wurden u.a. in den Berechnung der Herstellungskosten für die 3te Herstellung (Dresden 28.11.1796) aufgeführt mit „polnische Pferde kleinen Schlags à 50 Taler" // „Die Pferde waren von polnischer Rasse, da das Regiment seine Remonte aus Polen geliefert bekam, wo die jungen Tiere eingefangen und gekoppelt nach Sachsen gebracht wurden. Es hielt sehr schwer und kostete viele Mühe, diese unbändigen Tiere, welche das wilde Herumstreifen in den Wäldern Polens gewohnt waren, zu zähmen und zu dressieren, denn sie machten sich durch Beißen und Schmeißen nach hinten und vorn sehr unangenehm, wenn ihnen Jemand zu nahe kam. .... Bei der Dresseur dieser polnischen Remonte, wozu man die besten Reiter in der Eskadron bestimmte, trugen so manche oft erhebliche Verletzungen davon, denn es kamen bei Stürzen oder Durchgehen der Pferde, außer leichten Quetschungen, noch Verrenkungen der Fußgelenke oder Beinbrüche vor. Auch war es nicht selten, dass die Korporals oder Husaren, welche immer zum Zureiten der Remontepferde gebraucht worden waren, Leistenbrüche bekommen hatten und deshalb Bruchbandagen tragen mussten. Ich habe selbst einen Korporal gekannt, welcher einen doppelten Leistenbruch hatte ... war die Remonte aber auf der Reitbahn erst gehörig ausgearbeitet worden, so gab es keine besseren Pferde für die leichte Kavallerie, als eben diese polnischen, denn sie waren dann flüchtige Renner und zeigte eine große Ausdauer." (Goethe S.6)

wendung finden. Nicht mehr zum Dienst brauchbare Pferde wurden in der Regel öffentlich versteigert.

Bis 1806 erhielt das Regiment je Eskadron und Jahr 4 - 6 Remontepferde, soweit aufgrund Abgang (sh. Anlage 05) nicht ein größerer Bedarf zu decken war.

Da das Regiment nach dem verlorenen Feldzug von 1806 von 1.002 Dienstpferden 756 an die französische Armee abgeben musste und in Folge dessen 1807 nicht einsatzfähig war, erfolgte ein erneuter Aufbau des Pferdebestandes. Im Herbst 1807 erhielt das Regiment 200 und im Oktober 1808 weitere 600 rohe polnische Remonten. Aufgrund des unterschiedlichen Ausbildungsstandes der Remonten konnten 1808 nach Polen und 1809 nach Österreich nur kombinierte Eskadrons, die die feldzugstauglichen Pferde in sich vereinigten, ausrückten.

Die im Land verbliebenen Pferde wurden gemäß Ausbildungstand in vier Klassen[58] unterschieden:

Erste Klasse:

Pferde, die völlig in Reih und Glied gebraucht werden können und der Mann völlig Herr ist; die die Detail reiten und in geöffneten Gliedern exerzieren können.

Pferde, die in der Dressur noch leicht zurück sind und weiter auf der Bahn bearbeitet werden müssen.

Mit den zugehörigen Mannschaften waren fleißig Unterhaltungsstunden über den Felddienst zu halten.

Zweite Klasse:

Pferde, die auf Trensen ausgearbeitet sind. Diese sollten gezäumt und bei deren Dressur (durch Unteroffiziere und/oder die besten Reiter) alle Mühe angewendet werden, damit sie innerhalb von 6 Wochen in die erste Abteilung aufrücken können.

Dritte Klasse:

Diese Pferde sollten innerhalb von 3 Monaten brauchbar sein. Daher waren diese Pferde zu schonen und auf deren Kräfte Rücksicht zu nehmen, jedoch die Dressur weiterzuführen.

Vierte Klasse:

Pferde, die an der Longe laufen und im Auf- und Absitzen geübt werden. Dazu gehörten auch die Pferde, die krankheitshalber keine Fortschritte in der Dressur machen konnten, in schlechtem Zustand oder wegen ihrer Jugend zu schonen waren. Bei den Pferden, die nur der Schonung wegen in dieser Klasse waren, sollte die Ration um 1/4 Metze Hafer gekürzt und dieser Hafer an die Pferde der ers-

---

[58] Die Klassen wurden nach Erfordernis variiert, die hier wiedergegebenen sind vom 02.04.1809.

ten Klasse als Futterzuschuss gegeben werden, um sie möglichst schnell für ein Ausrücken ins Feld in Stand zu setzen[59].

Alte Pferde, die noch zur Rekrutenausbildung oder als Klepperpferde brauchbar waren[60].

Am 02.04.1809 zeigte sich z.B. bei der Oberst- und der Major v.Lobkowitz Eskadron folgende Verteilung auf die 4 Klassen

Eskadron	erste	zweite	dritte	vierte	Klasse
Oberst	22	16	7	20	Pferde
Major v.Lobkowitz	27	12	8	18	Pferde

———

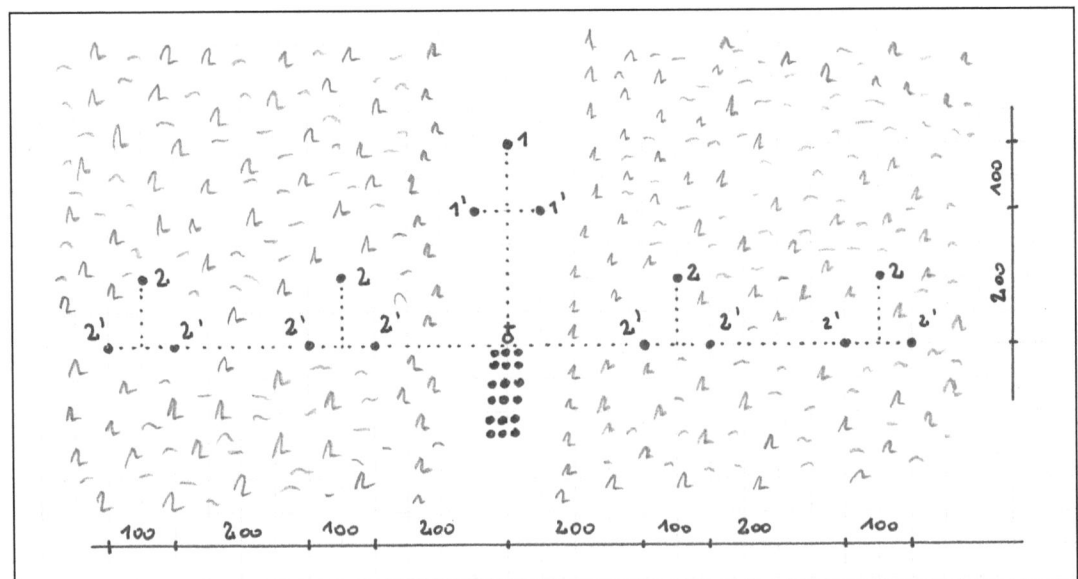

Abb. 19   **Trupp auf Waldpatrouille**
(Offizierstrupp mit 1 - Spitze und 1' - Sekundanten der Spitze; 2 - Spitzen der Seitenpatrouillen mit 2' - Sekundanten der Seitenpatrouillen)

---

[59] „Dass nach so eben eingegangener Ordre ... vom Husaren Regiment der in der 1sten Klasse ausgesetzte Teil der zum Marsch brauchbaren Pferde sofort nach Dresden ausbrechen soll, mache ich ... andurch bekannt." General v.Gutschmid an Rtm. Czettritz und Bellmont, Artern 11.04.1809

[60] „Ich habe für nötig gefunden, dass der Stabs-Sekretär, die beiden Chirurgen und die zwei Schmiede ... mit Kleppern, die in der 4ten Klasse als alte Pferde befindlich sind, beritten zu machen. ..." General v.Gutschmid, Artern 12.04.1809

11.   Quellen

Exner - Die Königlich Sächsische Armee im Feldzug gegen Oesterreich im Jahre 1809 - Dresden 1894

Geschichte des 2. Königl. Sächs. Königs-Husaren-Regiments No.19 - Leipzig 1882

Goethe - Aus dem Leben eines sächsischen Husaren und aus dessen Feldzügen 1809, 1812 und 1813 in Polen und Rußland - Leipzig 1853

Hauptstaatsarchiv Dresden

Bestand 10 026 Geheimes Kabinett
Akte Loc 01054/04 Errichtung Husaren-Regiment
Akte Loc 01054/05 Errichtung Husaren-Regiment
Akte Loc 01054/06 Errichtung Husaren-Regiment
Akte Loc 01054/07 Errichtung Husaren-Regiment
Akte Loc 01054/08 Errichtung Husaren-Regiment
Akte Loc 01054/09 Errichtung Husaren-Regiment
Akte Loc 01202/01 Mobilmachung 1806

Bestand 11 341 Kavallerieformationen
Akte 333 Ordres, Instruktionen mobiles Husarenregiment 1808 - 1812
Akte 340 Orders Husarenregiment 1809/1810
Akte 370 Schriftstücke über Husarenregiment
Akte 383 Protokoll feindlichen Verlust Feldzug 1806
Akte 384 Protokoll feindlicher Verlust Feldzug 1809

Hess - Abbildung der Chur-Sächsischen Truppen in ihren Uniformen unter der Regierung Friedrich August III. - Dresden 1805/06

(Hilbert 1) Hilbert/Lisewski/Richmann/Thiede - Militärische Hieb- und Stichwaffen Sachsens von 1700 bis 1918 aus dem Bestand des Militärhistorischem Museums Dresden - Dresden 1994 („grünes Buch")

(Hilbert 2) Hilbert - Blankwaffen aus drei Jahrhunderten - Berlin 1998

Hohrath - Friedrich der Große und die Uniformierung der Preuß. Armee von 1740 bis 1786 (Band 2) - Wien 2011

Kessler/Schulze - Historische Blankwaffen des 17. - 19.Jahrhunderts in Beiträge zur Altenburger Heimatgeschichte, Heft 11 - Altenburg 1979

Lander/Brucksch - Ordonnanzpistolen und -karabiner der sächsischen Kavallerie vom 16.Jahrhundert bis 1888 - Bonn 2012

Lindenau - Entwurf zu einer Anweisung, wie das Benehmen eines Kavalleristen, bei Gefechten in zerstreuter Ordnung, in Friedenszeiten zu lehren und zu üben sei - Leipzig 1806

Montbé - Die Chursächsischen Truppen im Feldzuge 1806: mit besonderer Bezugnahme auf das von Höpfner'sche Werk: Der Krieg von 1806 und 1807 - Dresden 1860

Reinhold (Rother/Müller) - Die kurfürstlich sächsische Armee um 1791 - Berlin 1990

Richter - Der Königlich Sächsische Militär-St.Heinrichs-Orden - Frankfurt a.M. 1964

Schön - Geschichte der Handfeuerwaffen - Dresden 1858

Schulze - Praktischer Unterricht in dem Bau der deutschen, englischen, französischen und ungarischen Reitsättel sowie über den Bau der deutschen und englischen Kummte - Ilmenau 1827

Titze - Die Berichte der sächsischen Truppen aus dem Feldzug 1806 (VII): Brigade Trützschler - Norderstedt 2021

Vollmer - Deutsche Militär-Handfeuerwaffen Heft 2 Sachsen - Bad Saulgau 2002

Wächtler - Die Königlich Sächsischen Mitglieder der Ehrenlegion - Chemnitz 2002

(Winkler) - **Annalen** des Husaren Regiments Prinz Johann von seiner Errichtung den 1sten Oktober 1791 bis zu seiner Umformung in das 2te leichte Reiter Regiment den 1sten Januar 1821 / I. Teil - Freyburg 1822 (im Bestand des Zentrums für Informationsarbeit der Bundeswehr in Strausberg / Signatur 6A4260 - RARA)

Abbildungen

02	Altenburg	03	Hess
04 - 06	Reinhold	07	Wolkenstein (Foto Autor)
09	Wolkenstein (Foto Schmidt)	08/10/11	Schmidt
12	Schulze	01/13/17-20	Autor
14/15	Brucksch	16	Weißenfels

Altenburg = sh. Kessler/Schulze

Schmidt = Schmidt, Thorsten; private Sammlung

Weißenfels = Museum Weißenfels - Schloss Neu-Augustusburg. (2021-08-31). Husaren-Mannschaftssäbel, M 1791, Sachsen, 2. Hälfte 18. Jahrhundert. abgerufen unter https://st.museum-digital.de/index.php?t=objekt&oges=16492

Wolkenstein = Militärhistorisches Museum Wolkenstein/Sachsen

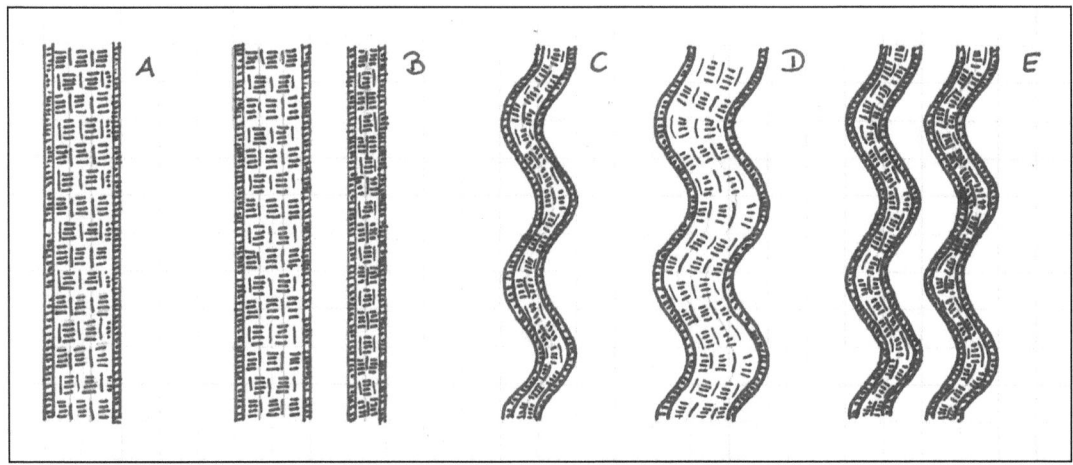

Abb. 20   **Bortenverzierung Pelz und Dolman** um die Verschnürung und die Ärmelaufschläge
(A - Mannschaft, B - Profoß, C - Chirurg, D - Korporals,
E - Estandartjunker und Wachtmeister)

12. Anlagen

Anlage 01   Fahneneid und abgeänderte Kriegsartikel VII und VIII

Fahneneid

„Ich n.n. schwöre hiermit zu Gott dem Allmächtigen einen körperlichen Eid, mit Herz und Mund, dass ich Ihre Chur Fürst: Durch: zu Sachsen pp. meinen gnädigsten Churfürsten und Herrn, in Dero Kriegsdiensten, es in was für einer Gelegenheit, und an welchem Orte es immer wolle, bei diesem Husaren Regiment und der Eskadron, zu welcher ich gehöre, treu, fest und standhaft halten, und dienen, und davon durchaus nicht abtreten will. So dann verpflichte ich mich den Kriegsartikeln, wie mir solche vorgelesen worden sind in allen Punkten unverbrüchlich nachzukommen, oder denen darinnen enthaltenen Strafen gewärtig zu sein. Und dieses alles will ich tun, so war mir Gott helfe und sein heiliges Wort, durch Jesum Christum, Amen!"

———

Angepasste Kriegsartikel No. VII und VIII

Articulus VII

Bei vorhabenden Marsch soll ein jeder, auf geschehenen Trompeten-Schall, sich schleunigst auf den bestimmten Sammelplatz verfügen und ohne wahrhafte Bescheinigung einer Krankheit nicht davon außen bleiben, auch sobald der Marsch fortgehet, soll keiner von seiner Eskadron ohne Vorwissen der Ober-Offiziers sich entfernen oder der Bestrafung nach Kriegs-Gebrauch unterworfen sein.

Articulus VIII

Vielmehr soll ein jeder treu und standhaft bei seiner Eskadron aushalten; denn wer sich heimlicherweise davon entfernt, über Nacht davon bleibet oder gar von der Eskadron entläuft, ungleichen wer ausreißet, feldflüchtig wird, oder gar zum Feinde überläuft, der soll, wenn er ertappt wird, ohne alle Gnade aufgehenkt, da er aber nicht zu erlangen, öffentlich zitieret, für vogelfrei erkläret, zum Schelm gemacht, und dessen Namen an den Galgen geschlagen werden.

———

Anlage 02   Die Offiziere im Stab, den Eskadrons und im Depot mit Stand 21.09.1806

Stab   Oberst von Pflugk
Oberstleutnant Frhr. v.Ende
Major von Kracht (tat während des Feldzuges keinen Dienst, krank)
Major von Funck (kommandiert zum General von Zezschwitz)
Regiments-Quartiermeister Schiefer

2 Adjutanten (Sousleutnants v.Seebach und v.Lindemann)[61]
Auditeur Herrmann
Regiments-Feldscher Krüger
Stabsfourier Winckler
Stabstrompeter Rühlmann
Roßarzt Seehausen
Sattler Bretschneider
Büchsenmacher Dressler
Profos Bernhard

1.Esk. (Leib)	Stabs-Rtm. Frhr. v.Lobkowitz Prem.leut. Frhr. v.Czettritz und Neuhaus Sousleutn. Frhr. v.Knorr Cornet v.Wagner
2.Esk. (Oberst)	Stabs-Rtm. v.Mandelsloh Prem.leut. Heinze (beim Ausmarsch vacant) Sousleutn. v.Hagke Cornet v.Heeringen
3.Esk. (Oberstleutn.)	Stabs-Rtm. Thielmann Prem.leut. Edler v.d. Planitz Sousleutn. v.Feilitzsch (beim Ausmarsch Frhr. v.Lindemann) Cornet vacant (beim Ausmarsch v.Feilitzsch)
4.Esk. (Mj. v.Funck)	Stabs-Rtm. Frhr. v.Niesemeuschel Prem.leutn. Probsthayn Sousleutn. v.Zeschau Cornet v.Nostitz (am 25.09. entlassen)
5.Esk. (Mj. v.Kracht)	Stabs-Rtm. v.Lindenau Prem.leutn. v.Feilitzsch Sousleutn. Hottewitzsch
6.Esk.	aggr. Major v.Polenz Prem.leutn. Frhr. v.Bellmont Sousleutn. v.Selchow Cornet v.Ziegler
7.Esk.	aggr. Major v.Gablenz Prem.leutn. v.Pape (im Depot) Sousleutn. v.Nauendorff Cornet v.Breitenbach
8.Esk.	Rtm. v.Leonhardi Prem.leut. v.Wollkopf Cornet v.Schirnding

---

[61] beim Ausmarsch am 21.09. Sousleutnant Heinze, der aber am 25.09. zum Premierleutnant avancierte und zur Oberst-Ekadron gesetzt wurde.

Anlage 03   Exerzierläger, Große Revuen und Musterungen 1805 - 1809

Exerzierläger

1808 - Den zwischen Dresden und Pirna sowie bei Bautzen aufgestellten Lägern wohnte das Regiment nicht bei, da es noch nicht wieder beritten gemacht werden konnte und die wenigen Dienstfähige Pferde für das im Herzogtum Warschau stehende Detachement und dessen Ablösung verwendet wurden.

Große Revuen

18.05.1809 - das aus Polen zurückkommende Detachement defilierte in Leipzig an Sr Majestät dem König vorüber.

04.07.1809 - beritten Vormittags Se Majestät der Kaiser Napoleon die Biwaks der Sächsischen Regimenter auf der Lobau-Insel und ließen (regimentsweise) die Mannschaften im Negligee im Kreis um sich versammeln und stimmte die Soldaten auf die bevorstehende Schlacht ein.

15.08.1809 - bei Pressburg zur Feier des Napoleonstages ließ der Korpskommandant, General Reynier, die Revue passieren und die sächsischen Orden (insgesamt 102 Heinrichs-Orden sowie 52 goldene und 100 silberne Medaillen) verleihen.

29.09.1809 - in Pressburg auf dem Barmherzige Brüder Platz vor dem Generalmajor von Gersdorf.

Musterungen

1805 - Muster-Kantonnenment bei Kölleda, gemustert am 21. und 22.05. durch den Generalleutnant von Zezschwitz

1806 - Muster-Kantonnement bei Artern, gemustert am 05.05. durch den Generalmajor und Muster-Inspekteur von Trützschler

1807 - aufgrund der Abgabe sämtlicher Pferde an die französische Armee im Oktober 1806 fand die Musterung „zu Papier" im April durch eingesendete und vom Generalmajor von Trützschler authorisierte Revisionslisten statt.

1808 - Muster-Kantonnement bei Artern, gemustert am 11.05. durch den Generalmajor von Zastrow.

1809 - aufgrund der Mobilmachung fand keine Musterung statt

―――

Anlage 04   Abgang an Mannschaften vom 01.05.1805 bis zum 31.12.1809

Abgang an Unteroffizieren und Mannschaften		01.05.1805 - 30.04.1806	01.05.1806 - 30.04.1807	01.05.1807 - 31.12.1807	01.01.1808 - 31.12.1808	01.01.1809 - 31.12.1809	Gesamt
vor dem Feind geblieben			6			10	16
an Krankheiten gestorben		4	7	3	5	25	44
an Blessuren gestorben			1			5	6
verunglückt		1		1		1	3
verschollen			2			5	7
sich selbst entleibt			1				1
entlassen	mit Pension	15	8	13	9	12	57
	mit Freischein	1	3	1		2	7
	mit Zivilversorgung inkl. Gendarmerie			1	1	1	3
	mit Garnisonsversorgung		1		1		2
	wg. ausgedienter Kapitulation		1	1			2
	wg. weiteren Fortkommen	5	6	1	4	2	18
	wg. Ansässigkeit	9	6	24	8	7	54
	als Halbinvalide ohne allen Anspruch	5	3	7	7	3	25
	als Ausländer	1		1	1		3
an andere Einheiten abgegeben					1	2	3
mit Laufpass entlassen		4	7	8	7	5	31
zu Pferd desertiert		3	6		2	2	13
zu Fuß desertiert		11	6	7	9	2	35
auf den Festungsbau gebracht							
an Zucht- und Arbeitshäuser abgegeben							
Gesamt		59	64	68	55	84	330

Keinen Eintrag verzeichneten im genannten Zeitraum die Rubriken:

- entlassen mit Gratifikation

- entlassen als eximierte Bergleute, Steinbrecher etc.

- entlassen mit Legitimationsschein

- als Verbrecher an die Zivilobrigkeit zurückgegeben

- als Deserteur ausgeliefert

Vom 01.05.1791 bis zum 30.04.1807 endete die einjährige Muster-Periode zum 30.04., da im Mai gewöhnlich die neuen Musterungen stattfanden.

Vom 01.01.1808 an wurde ein regulärer Jahresabschluss erstellt, weil der Musterzyklus durch die fortdauernden Feldzüge unterbrochen wurde.

In den Zahlen sind sowohl das mobile Regiment als auch die Depots enthalten.

Anlage 05   Abgang an Pferden vom 01.05.1805 bis zum 31.12.1809

Abgang an Pferden	01.05.1805 - 30.04.1806	01.05.1806 - 30.04.1807	01.05.1807 - 31.12.1807	01.01.1808 - 31.12.1808	01.01.1809 - 31.12.1809	Gesamt
krepiert	19	16	4	6	18	63
vor dem Feind geblieben		33			35	68
wg. Rotz totgestochen	6	9	3	10	7	35
wg. unheilbarer Blessuren desgl.	4					4
aufgespiesst					1	1
verbrannt						0
ertrunken		1				1
vom Feind genommen		10			33	43
als intransportabel stehengeblieben		4			2	6
entlaufen					1	1
gestohlen						0
ausrangiert und verkauft	44	53	5	13	16	131
durch Desertion entführt	3	6		2	2	13
abgegeben an die franz. Armee		756				756
abgegeben an die schwere Kavallerie	18					18
abgegeben an die leichte Kavallerie		35				35
abgegeben an die reitende Artillerie		39				39
abgegeben an den Artillerie-Train					1	1
abgegeben an das Kommissariats-Fuhrwesen					4	4
Gesamt	**94**	**962**	**12**	**31**	**120**	**1.219**

Keinen Eintrag verzeichneten im genannten Zeitraum die Rubriken:

- den Hals gestürzt

- als Offizierspferd ins Regiment gegeben

- bei der Teilung an Preußen abgegeben

In der Rubrik „durch Desertion entführt" ist nur der wirkliche Abgang enthalten und berücksichtigt nicht die Dienstpferde, die zwar entführt, jedoch wieder erlangt und wieder einrangiert wurden.

Anlage 06   Feldverpflegungsetat des mobilen Husaren-Regiments vom 01.09.1806[62]

Husaren-Regiment	Monatliches Landtraktament à Tl.	Gr.	Pf.	Summe Tl.	Gr.	Pf.	Monatliches Feldtraktament à Tl.	Gr.	Pf.	Summe Tl.	Gr.	Pf.	Portion à	Sa	Ration Natura à	Sa
Traktament																
Beim Stab																
1 Oberst	.	.	.	73	8	.	.	.	.	36	16	.	.	9	.	14
1 Obrist-Leutnant	.	.	.	49	12	.	.	.	.	23	20	.	.	6	.	10
1 Reg.-Quartiermeister	.	.	.	18	8	.	.	.	.	.	.	.	.	2	.	3
2 Adjutanten, während der	16	.	.	32	.	.	5	.	.	10	.	.	2	4	4	8
Funktion als Zulage	4	.	.	8	.	.	.	.	.	.	.	.	.	.	.	.
1 Auditeur	.	.	.	14	16	.	.	.	.	.	.	.	.	2	.	2
1 Reg.-Chirurgus	.	.	.	20	.	.	.	.	.	.	.	.	.	2	.	2
7 Mann	.	.	.	215	20	.	.	.	.	70	12	.	.	25	.	39
Bei 8 Eskadrons																
3 wirkliche Rittmeister	27	12	.	87	12	.	9	4	.	27	12	.	4	12	7	21
5 Stabs-Rittmeister	27	12	.	137	12	.	5	12	.	27	12	.	4	20	7	38
7 Premierleutnants	18	8	.	128	8	.	5	.	.	35	.	.	2	14	4	28
8 Sousleutnants	16	.	.	128	.	.	5	.	.	40	.	.	2	16	3	24
6 Cornetts	16	.	.	96	.	.	5	.	.	30	.	.	2	12	3	18
29 Mann	.	.	.	572	8	.	.	.	.	160	.	.	.	74	.	126
Hierüber																
auf 20 reduzierte Rationen	.	.	.	.	.	.	5	.	.	100	.	.	.	.	.	.
Beurlaubungsentschädigung							34			272						
36 Mann **Summa**				788	4	-				602	12	-		99		165
Löhnung																
Beim Stab																
1 Stabs-Fourier	.	.	.	4	14		.	.	.	.	.	.	.	1	.	1
1 Stabs-Trompeter	.	.	.	3	12		.	.	.	.	.	.	.	1	.	1
1 Roßarzt	.	.	.	4	12		.	.	.	.	.	.	.	1	.	1
1 Hospital-Chirurgus	.	.	.	4	6		.	.	.	.	.	.	.	1	.	1
1 Sattler	.	.	.	3			.	.	.	.	.	.	.	1	.	1
1 Büchsenmacher	.	.	.	3			.	.	.	.	.	.	.	1	.	1
1 Profos mit Knecht	.	.	.	4			.	.	.	.	.	.	.	2	.	1
1 Wagenmeister	.	.	.	.	.	.	.	.	.	5	.	.	.	1	.	1
17 Proviantknechte	.	.	.	.	.	.	2	22		49	14	.	1	17	1	68
1 Marketender	.	.	.	.	.	.	.	.	.	.	.	.	.	2		4
26 Mann	.	.	.	26	20		.	.	.	54	14	.	.	28	.	80

Rationen[63]: Es werden 20 Rationen zu je 5 Taler abgegolten (jeweils 4 für den Oberst und den Oberstleutnant, 2 für den Quartiermeister und je 1 für den Auditeur, den Regiments-Chirurgus und die Rittmeister.)

---

[62] Das Feldverpflegungsreglement galt für die Offiziere auch für den Feldzug von 1809

[63] Ration bezeichnet die Pferdeverpflegung. Aus der Anzahl der Rationen ist die Anzahl der Pferde pro Charge und Mann abzuleiten

Husaren-Regiment	Monatliches Landtraktament						Monatliches Feldtraktament oder Feldzuschuss und resp. Verpflegung						Portion		Ration Natura	
	à Tl.	Gr.	Pf.	Summe Tl.	Gr.	Pf.	à Tl.	Gr.	Pf.	Summe Tl.	Gr.	Pf.	à	Sa	à	Sa
Löhnung																
Bei 8 Eskadrons																
8 wirkliche Wachtmeister	5	7	.	40	16		.	.	.	.	.	.	1	8	1	8
8 Seconde-Wachtmeister	4	14	.	36	16		.	.	.	.	.	.	1	8	1	8
8 Estandartjunker	4	6	.	34	12		.	.	.	.	.	.	1	8	1	8
7 Fouriers	4	2	.	28	14		.	.	.	.	.	.	1	7	1	7
7 Chirurgi	4	6	.	29	18		.	.	.	.	.	.	1	7	1	7
64 Korporals	4	2	.	261	8		.	.	.	.	.	.	1	64	1	64
8 Vize-Korporals	2	16	.	21	8		.	.	.	.	.	.	1	8	1	8
8 Trompeter	3	12	.	28	.	.	.	.	.	.	.	.	1	8	1	8
7 Schmiede	2	12	.	17	12	.	.	.	.	.	.	.	1	7	1	7
705 Husaren	2	12	.	1762	12	.	.	.	.	.	.	.	1	705	1	705
830 Mann	.	.	.	2260	8		.	.	.	.	.	.	.	830	.	830
856 Mann und 906 Pferde				2287	4					54	14			858		910
Hierüber																
an Löhnungszuschuss auf																
837 Unteroffiziers u. Gemeine	.	12	.	418	12	.	.	.	.	.	.	.	.	.	.	.
18 Wagenmeister u. Knechte	.	.	.	.	.	.	.	12	.	9	.	.	.	.	.	.
Summa Löhnung				2705	16					63	14					

Die Knechte wurden vollständig als Proviant- und Brotwagenknechte bezeichnet. Für die Husaren waren keine Packpferde ausgeworfen, da sie im Gegensatz zu den anderen Kavallerie-Regimentern keine Zelte mitführten.

Die Löhnung der Mannschaft war - bis auf wenige Ausnahmen wie die wirklichen Wachtmeister - niedriger als bei den übrigen Kavallerie-Regimentern.

Husaren-Regiment	Monatliches Landtraktament						Monatliches Feldtraktament oder Feldzuschuss					
	à			Summe			à			Summe		
	Tl.	Gr.	Pf.	Tl.	Gr.	Pf.	Tl.	Gr.	Pf.	Tl.	Gr.	Pf.
Übrige Gebührnisse												
Beimontierungsgeld auf												
837 Mann	. 23	7	821/960	824	22	10 259/320	. 6	4	139/960	221	7	1 61/320
17 Proviantknechte	. .	.	.	.	.	.	. 6	.	.	4	6	. .
Medikamentengeld auf												
837 Mann	. 1	6	.	52	7	6 .	. .	6	.	17	10	6 .
17 Proviantknechte	. .	.	.	.	.	.	. 2	.	.	1	10	. .
Gewehrreparaturgeld auf												
705 Gemeine	. 1	6	.	44	1	6 .	. .	.	.	.	.	. .
Zu Unterhaltung der												
Trompeten pr. Eskad.	. 3	.	.	1	.	. .	. .	.	.	.	.	. .
9 Proviantwagen	. 12	.	.	4	12	. .	2 .	.	.	18	.	. .
8 Brotwagen	. 12	.	.	4	.	. .	2 .	.	.	16	.	. .
Kurgelder auf												
818 Dienstpferde	. 1	.	.	34	2	. .	. 1	.	.	34	2	. .
20 Reitklepper	. .	.	.	.	.	. .	. 2	.	.	1	16	. .
68 Proviantpferde	. .	.	.	.	.	. .	. 2	.	.	5	16	. .
Hufschlag auf												
68 Proviantpferde	. .	.	.	.	.	. .	. 8	.	.	22	16	. .
Remontegeld auf												
20 Reitklepper	. .	.	.	.	.	. .	. 10	3	.	8	13	. .
68 Proviantpferde	. .	.	.	.	.	. .	1 2	.	.	73	16	. .
Kopfgelder auf												
837 Mann	. 2	.	.	69	18	. .	. 2	.	.	69	18	. .
Fleischgelderzuschuss auf												
837 Mann	. .	.	.	.	.	. .	. 6	.	.	209	6	. .
17 Proviantknechte	. .	.	.	.	.	. .	. 6	.	.	4	6	. .
				1034	15	10 3/4				707	22	7 1/4
Hierzu												
Kleidergeld auf												
837 Mann	. 8	.	.	279	.	. .	. .	.	.	.	.	. .
Summa				1313	15	10 3/4				707	22	7 1/4
Summa der Verpflegung				4807	11	10 3/4				1374	-	7 1/4

Summa summarum auf   6181 Tl.   17 Gr.   6 Pf.
892 Mann mit 906 Pferden   957 Portionen   1075 Rationen

Die 1.075 Rationen teilten sich in 982 schwere und 93 leichte Rationen auf.

Anlage 07 Ordensträger aus den Feldzügen 1796 bis 1809[64]

A) Sankt-Heinrichs-Orden

Beliehen am 10.08.1796

Gablenz, Heinrich Adolph v., Rittmeister für 1794, 1796 und Kircheyp 19.06.96
Mandelsloh, Gustav August Moritz v., Prem.ltn. für 1794 und Kircheyp 19.06.96
Thielmann, Johann Adolph, Prem.ltn. für 1793, Kircheyp u. Hengstetten 14.07.96

Beliehen am 26.05.1809 für Linz 17.05.1809

Gutschmid, Christian Sigismund Frhr. v., Gen.major und Kommandant
Lobkowitz, Franz Albrecht Frhr. v., Major

Beliehen am 04.08.1809 für Wagram

Lindenau, Adam Friedrich August v., Rittmeister

Beliehen am 17.03.1810 für Wagram

Heeringen, Ernst August George v., Sousleutnant
Heinze, Friedrich Ferdinand, Rittmeister

Beliehen am 17.03.1810 für den Feldzug 1809 in Sachsen

Feilitzsch, Christoph Ernst v., Prem.leutnant
Feilitzsch, Philipp Heinrich Wilhelm Lazarus v., Rittmeister
Planitz, Ludwig Edler v.d., Rittmeister

Beliehen am 17.03.1810 für Linz

Czettritz und Neuhaus, Carl Heinrich Max Frhr. v., Rittmeister

B) Goldene Verdienstmedaille

1796 (erhalten 02.08.)	Berger, Wachtmeister Cornicelius, Wachtmeister
1809 (erh. 07.05.) (erhalten 15.08. in Pressburg)	Böhme, Johann Carl, Korporal (für Schönberg 30.04.) Schröder, Johann Gottfried, Estandartjunker[65] Gelbert, Korporal (für Schönberg 30.04.)[66]
1811	Bergner, Wachtmeister (nachträglich für 1809)

C) Silberne Verdienstmedaille

1796 (erhalten 02.08.)	Conradi, Husar (später desertiert) Nuglisch, Husar

---

[64] Es sind nur die Orden aufgeführt, die die Beliehenen als Angehörige des Husaren-Regiments erworben haben.

[65] starb im Feldzug 1812 als Wachtmeister

[66] 1811 pensioniert

	Erdmann, Husar
	Pauligk, Husar (starb im Felde 1812)
1809 (für Wagram) (erhalten 15.08. in Preßburg)	Meissner, Estandartjunker
	Bechstaedt, Korporal
	Unruh, Korporal (starb im Feldzug 1812)
	Mohr, Korporal (starb)
	John, Korporal (1813 als Invalide verabschiedet)
	Rätzel, Husar (1815 als Korporal an Preußen abgegeben)
	Bruch, Husar (später Korporal)
	Wickleder, Husar (später Seconde Wachtmeister)
	Typke, Husar (erhielt 1812 als Wachtmeister die goldene Medaille)
	Melle, Husar (später Estandartjunker)
	Schirrmeister, aggr. Estandartjunker[67]
	Clausnitzer, Korporal (für den Feldzug 1809 in Sachsen, starb 1813 in Polen)
	Wede, Husar (für den Feldzug 1809 in Sachsen)
	Schnell, Husar (für den Feldzug 1809 in Sachsen)
1810[68]	Wenzel; Husar (1815 als Korporal an Preußen abgegeben)
	Reichenbach, Husar (später Korporal)
	Hentschel, Husar (seit dem Treffen bei Biala 1812 vermisst)
	Naumann, Husar (später bei den Stabsdragonern)
1811	Wolff, Husar (als Korporal an Preußen abgegeben; auf nachtragweise erstatteten Vortrag am 11.09. für das Treffen bei Linz 1809)

D) französische Ehrenlegion (ohne die 1817 und später Nachgetragenen)

Ritter, beliehen am 19.07.1809 für Linz

| Lobkowitz, Franz Albrecht Freiherr von | Major | 24649 |

Ritter, beliehen am 14.10.1809 für Stampfen

| Engel, Carl Joachim Friedrich von | Oberst | 26 862 |

E) Kgl. Preußischer Orden Pour le mérite

1793 (seit 23.05. bei Kaiserslautern) von Emmerich, Major

---

[67] erhielt diese am 03.10.1809 von dem verstorbenen Korporal Mohr

[68] erhielten die Medaille 1810 auf nochmals erfolgten Vortrag für die von ihnen bei Wagram erbeuteten österreichischen Fahne

1793 (seit 12.09. bei Spiesen)	von Trützschler, Major von Lindenau, Prem.leutnant von Niesemeuschel, Sousleutnant und Adjutant von Lindenau, Sousleutant
1793 (seit 14.09. bei Bildstock)	Freiherr von Gutschmidt, Rittmeister
1793 (seit 26.09. bei Blieskastel)	von Stutterheim, Rittmeister
1793 (seit 27.09. bei Ensheim)	von Hartmann, Rittmeister

F) Kgl. Preußische Goldene Verdienst-Medaille

1794 (23.05. bei Kaiserslautern)	Brüning, Wachtmeister Bergner, Korporal (später Trainoffizier)
1794 (18.09. bei Blieskastel)	Wacker, Wachtmeister (später Premierleutnant)

G) kgl. Preußische silberne Verdienst-Medaille

1794 (23.05. bei Kaiserslautern)	von Renner, Husar (später Infanterie-Offizier) Küchler; Husar (später Wachtmeister) Weise, Husar (starb im Feldzug 1812)

———

Anlage 08   Militärische Gedanken des Majors von Gutschmid im Husaren-Regiment[69]

Dieser junge ausgezeichnete Offizier hat in den vergangenen Campagnen gegen die Franzosen sich das Vertrauen seiner Oberen dergestalt zu erwerben geruht, dass ihm besondere Detachements anvertraut wurden, mit welchen er verschiedene glückliche Partisanen-Coups ausführte.

Über diese Art den kleinen Krieg zu führen und über die beste Form der dazu erforderlichen Detachements hat er einige Gedanken niedergeschrieben:

Da der Partisan, um glückliche Coups auszuführen, dem Feind seine Märsche, Entwürfe, Aufenthalt, sorgfältig verbergen muss, so kann sein Detachement nicht von den zu Vorposten bestimmten Truppen genommen werden; deren Platzierung kennt der Feind, auch sind Vorposten immer mit ihrem eigenen Dienst be-

---

[69] Dieser Bericht ist ohne Verfasser und ohne Jahr. Gutschmid war 1795 zum Major und 1802 zum Oberstleutnant avanciert; in der Akte ist der Bericht mit Unterlagen des Jahres 1803 abgeheftet.

schäftigt, können also mit Nutzen keiner anderen Bestimmung sich unterziehen; auch ist es unumgänglich erforderlich, dass nach vollbrachtem Coup der Partisan mit seinem Detachement mit Sicherheit ausruhen können, das ist bei Vorposten unmöglich. ...

Major Gutschmid schlägt vor, es, wie natürlich, aus Kavallerie und Infanterie zusammen zu setzen: und zwar die Kavallerie von den Husaren und Dragonern zu nehmen, die sich zu dieser Bestimmung am besten eignen; in den damaligen Umständen, da die Sächsischen Truppen jährlich abgelöst, fand er besonders zuträglich, dass die Offiziers aus dem alten Detachement, als schon in der Sache erfahren, dazu genommen würden. ... ; einige Unteroffiziers und Husaren vom alten Kontingent müssten aus obigen Ursachen auch dabeibleiben.

Mithin besteht das Detachement aus:

1 Rittmeister, 3 Leutnants, 1 Wachtmeister, 8 Korporals, 2 Trompetern, 1 Schmied, 80 Husaren oder Dragonern

2 Leutnants, 4 Unteroffiziers, 1 Feldscher, 1 Tambour, 56 Musketiers

6 Ober-, 13 Unteroffiziers, 1 Feldscher, 2 Trompetern, 1 Schmied, 1 Tambour, 136 Gemeinen   (160 Mann, 92 Pferden)

Hierzu 1 Marketender-Karren mit Branntwein: Brot- und Proviant-Wagen werden erspart, da statt des Brotes Geld gegeben wird. ...[70]

Über den Anzug des Sächsischen Husaren, seine Bewaffnung und Pferde-Equipage

Der Major G. behauptet mit Recht, dass für einen Husaren, der durch dick und dünn reiten muss, kein hoher Kopfputz taugt; ingleichen das weiße Einfaß zu den Mützen allzusehr leuchte.

Den Bataillen Riemen, den sonst keine Husaren haben, findet er schicklich.

Der Kordon muss können leicht lang gemacht werden, damit der Husar, wenn er mit den Armen durchfährt, um den Leib herumbinden könne.

Keine steife Binde, sondern Tuch um den Hals, vollkommen schwarz, en Parade und Campagne.

Blaue Hemden möchten sich wohl für Husaren am besten schicken; so meint auch M.G. die Strümpfe würden für die Husaren wenig nutzen und Erfahrung lehre, das man ohne Strümpfe die Füße nicht so leicht räudige als mit dreckigen Strümpfen, die ohnehin nicht lange halten.

Den weißen Dolman findet der Major Gutschmidt nicht schicklich für den so vielen für den Putz nachteiligen Umständen ausgesetzten Husaren; kein dicker, allzu

---

[70] Es folgt eine Berechnung, wie man mit Ersparnis bei den Rationen und beim Brotgeld - da das Detachement sich vom Land ernährt - die Überlappungszeiten des alten und neuen Kontingents bezahlen kann und sogar noch Geld übrig behält. // Schon damals musste das Militär sparen (selbst im Krieg) und der Heeresverwaltung Änderungen schmackhaft machen. Nichts Neues also!

langer Pelz, denn die Schärpe, wenn sie locker umliegt, schützt durch ihre Stärke ... für Erkältung

Die Pelzärmel sind nur mit Leinen zu füttern.

Tuchene Hosen sind für den Husaren, wenn er auf Schabracken reitet und weiße Überhosen hat besser als lederne, welche, wenn sie durchnässt, kälter, und wenn kurz getrocknet, brechen und reiben; kein Tuchhosenbund mit Schnallen sondern mit Riemen, um sie weit und eng zu schnallen, ist weit bequemer und wirklich ungarisch.

Die Überknöpfhose, als unentbehrlich sollte dem Husaren unentgeltlich statt Kittel und Handschuh gereicht werden.

Zieschen oder ungarische weiche Stiefel drücken und brennen nicht und sind zu allem bequem, auch kann der Husar davon noch ein paar vorrätig mit sich führen; sie können, eben so gut wie steife Stiefel, durch eine Naht 2 Finger breit über der Sohle im Oberleder vorgeschuht werden.

Die Sporen gehören an den Absatz, um die Stiefel nicht zu zerreißen und die Strümpfe nicht durchzureiben.

Besser ist es dem Lederwerk seine natürliche Farbe zu lassen, als es durch Anstreichen, spröde und brechend zu machen.

Die jetzigen Karabiner für die Husaren sind kurz und zweckmäßig gefertigt.

Das Seitengewehr ist leicht und gut.

Zu Fuß wird er unterm linken Arm, das Gefäß hoch und zurück, das Ortband vorn, getragen; allein ihn horizontal aufheben und gerade vor sich herum tragen sieht höchst ungeschickt aus.

Die Quästchen und Riemen auf gut ungarisch sollten beim Hauptgestell beibehalten werden; sie zieren und halten die Fliegen ab; auch Seilringe sollten in den Kandaren sein und die Zügel nicht unmittelbar in die Bäume geschnallt werden.

Die herunterhängenden Ecken an den Schabracken haben den Nutzen, dass man den Sitz trocken erhält, wenn man sie übereinander kreuzt; man hätte sie also nicht verkürzen sollen.

Die Feldflaschen sollten mehr Hals und Pfropfen von Kork haben, damit das Getränk nicht heraussickert; will man sie zweckmäßig führen, so ist nichts besser als sie umzuhängen.

Anlage 09   **vor dem Feind Gebliebene, Blessierte, Gefangene und Vermisste im Feldzug 1806**

Leibeskadron (Meldung vom 28.11.1806)

geblieben:	-
blessiert:	Korporal Meisner, Schusswunde
	Korporal Lichtenberger, 2 Hiebe über den linken Arm
	Husar Seyfferth, in das Kinn und die Lippe gehauen
	Husar Gille 1ste, in den Kopf gehauen
	Husar Schlehahn, in den Kopf gehauen
	Husar Bleyl, einen Streifschuss am Kopf
vermisst:	Husar Bleyl
gefangen:	Husar Schmidt, J.G. am 10ten bei Saalfeld, 18ten selbst ranzioniert
Pferde:	5 Pferde geblieben

Oberst-Eskadron (Meldung vom 27.11.1806)

geblieben:	Korporal Erxleben
blessiert:	Korporal Glaese, Stich in die linke Seite (noch im Lazarett)
(alle bei	Husar Walter 2te, Hieb in den linken Ellenbogen (noch im Lazarett)
Saalfeld)	Husar Ermler, durch einen Schuß 3 Finger d. linken Hand verloren
	Husar Müller 1ste, Hiebwunde im Kopf, ist in Rudolstadt zurückge- lassen worden
	Husar Zschenss, Hiebe in Rücken und Schulter (wiederhergestellt)
	Husar Schubert, desgleichen (wiederhergestellt)
	Husar Reuchelt, Hiebe in den Kopf und Rücken (wiederhergestellt)
	Husar Boettrich, Hieb im Kopf (wiederhergestellt)
	Husar Otto, Hiebe in Rücken und Schulter (wiederhergestellt)
	Husar Lehmann 1ste, Prellschuss auf die Brust (wiederhergestellt)
vermisst:	Husar Lützner, seit dem 10ten Oktbr:
gefangen:	Husar Komlich, 10ten bei Saalfeld (selbst ranzioniert)
	Husar Koitzsch, 15ten bei Naumburg
Pferde:	3 Pferde geblieben, 2 Pferde zum Feind übergelaufen

Oberstleutnants-Eskadron (Meldungen vom 27.11. und 01.12.1806)

geblieben:	-
blessiert:	Husar Gangloff, J.A. Streifschuss am Kopf (10ten bei Blankenburg, wiederhergestellt)
	Husar Scheibe, J.G. je 1 Hieb in den Kopf und die rechte Schulter (14ten bei Weimar, wiederhergestellt)
	Husar Kollert, J.G. 1 Hieb ins Kinn und 1 Stich über das linke Auge (14ten bei Weimar, wiederhergestellt)
	Husar Heime, J.C. 1 Hieb in den linken Arm (14ten bei Weimar)
	Husar Frenzel, Chr.G. je 1 Hieb in die linke Schulter und im Gesicht (14ten bei Weimar, wiederhergestellt)
vermisst:	-

gefangen: -

Pferde: k.A.

Eskadron Major von Funk (Meldung vom 24.11.1806)

geblieben: -

blessiert: Wachtmeister Busch, J.A. Schuss im linken Arm bei Saalfeld

Husar Kittel, G. Schuß bei Saalfeld

Husar Fuhrmann, J.Chr. Hiebwunde im Kopf bei Göttingen

vermisst: -

gefangen: -

Pferde: 1 Pferd geblieben

Eskadron Major von Kracht (Meldung vom 24.11.1806)

geblieben: Husar Böring   am 14ten Oktbr: 1806

Husar Loose   in der Bataille

Husar Schiefer   bei Jena

Husar Kichert

Husar Berthold

blessiert: Korporal Burckardt, Hiebwunde im rechten Arm

Vize-Korporal Rudolph, Stich im Knie

Husar Peiscker, Hiebwunde im Kopf

Husar Schelbach, Hiebwunde in die Nase

Husar Weiscke, Stich im Unterleib und Hieb am Kinn

Husar Buchen, Hiebwunden an der rechten Hand und linken Schulter

Husar Blettermann, Stich im Rücken

Husar Hoffmann 1ste, Hiebwunden im Kopf und rechten Schulter

Husar Zschiesche, Hiebwunde an der rechten Hand

vermisst: -

gefangen: -

Pferde: 1 Pferd geblieben, 4 Pferde zum Feind übergelaufen

Eskadron Major von Polenz (Meldung vom 24.11.1806)

geblieben: -

blessiert: Vize-Korporal Keil, G.G. Hieb in die rechte Schulter (wiederhergestellt)

alle 14ten Husar Lange 1ste, C.G. Hieb in die rechte Hand (wiederhergestellt)

bei Jena   Husar Goldammer, F.A. Schuss durchs linke Knie

Husar Reissner, C.W. Hieb im rechten Arm

Husar Brasch, J.G. verwundet zurückgeblieben und befindet sich jetzt im Lazarett zu Weida

am 10ten bei   Husar Kretzschmar, G. Streifschuss in die linke Seite (wiederherge.)

Blankenburg   Husar Schmidt, J.G. Streifschuss ans Kinn (wiederhergestellt)

vermisst: -

gefangen: -

Pferde: 5 Pferde geblieben

Eskadron Major von Gablenz (Meldung vom 27.11.1806)

geblieben: -

blessiert: Sousleutn. Naundorf, Ph.A.v. Schusswunde

Korporal Petzold, J.C. Hiebwunde am linken Ohr

Husar Eccard, F.A. Hiebwunden an den Armen

Husar Kämmerer, J.Chr. Hieb- u. Stichwunden an Kopf und Hals

Husar Heime, J.G. Hiebwunden am Kopf

Husar Leinert, G. Hiebwunden am linken Arm

Husar Fritsche, J.G. leichte Hiebwunde im Arm

Husar Glaesel, G. Hiebwunde in der linken Hand

Husar Paulingk, J.G. Hiebwunden im Kopf und rechten Arm

Husar Seifert, C.A. Hiebwunden im rechten Arm

Husar Kassler, Chr.M. Hiebwunden im Kopf

Husar Fritsche, Chr. Prellschuss am rechten Arm

Husar Brechtel, J.G. leichte Hiebwunden

Husar Bley, C.A. leichte Hiebwunden

vermisst: -

gefangen:

Husar Leinert, G.	den 10ten Oktbr: in der bei
Husar Fritsche, J.G.	Saalfeld vorgefallenen Affaire,
Husar Heime, J.G.	sich auch selbst wieder
Husar Brechtel, J.G.	ranzioniert

Pferde: 2 Pferde geblieben, 4 Pferde zum Feind übergelaufen

Eskadron Rittmeister von Leonhardi (Meldung vom 30.11.1806)

geblieben: -

blessiert: Cornett Schirnding, E.C.G.v. Prellschuss am Unterleib

Korporal Wendt, J.G. Schusswunde am linken Oberschenkel

Korporal Lehne, Chr.W. Prellschuss am Knie

Korporal Beck, F.G. Schusswunde am am echten Oberschenkel

Husar Lau, J.G. Stichwunde am linken Knie

Husar Weise, F. Hiebwunde im Gesicht

Husar Vollrath, Chr. Hiebwunde an der rechten Schulter

Husar Köhler, Chr. Schusswunde unterm rechten Knie

Husar Hauer, J.G. Hiebwunde am linken Arm

Husar Schlaf, S. Prellschuss am linken Schienbein

Husar Schreyer, A. Prellschuss im Gesicht

Husar Gödicke, J.Ph. Prellschuss am rechten Fuß

Husar Einig, Chr.G. Prellschuss im Gesicht

Husar Hahnspach, J.G. Prellschuss an der Stirn

vermisst: -

gefangen: Korporal Wendt, J.G. befindet sich jetzt im Feldlazarett zu Weida an einer Schusswunde krank

Husar Goldschak, Chr.	bei der Affaire am 10ten Okt: zu Saalfeld,
Husar Hahnspach, J.G.	am 16ten Nov: b. d. Eskadron eingetroffen

Pferde: 16 Pferde geblieben (alle am 10ten Oktbr: bei Saalfeld)

Anlage 10 Summarische Anzeigen des Verlustes an Armatur und Montur im Feldzug 1806 (Meldung vom 04.01.1807)

		Stab	Leib	Oberst	Oberstltn.	v.Funk	v.Kracht	v.Polenz	v.Gablenz	v.Leonhardi	Summa
Armatur	Säbel	7	99	106	104	103	99	101	102	98	819
	Karabiner		47	37	49	52	64	39	32	58	378
	pr. Pistolen	2	76	53	58	83	70	47,5	46	79	515
	Kugelform		10	16	36	12	51	.	6	5	136
	Krätzer		52	15	36	61	55	.	6	64	289
Leibes-montur	Pelz		6	2	1	.	15	1	9	.	34
	Dolman	1	13	19	22	11	25	12	22	28	153
	Mantel	3	44	20	21	17	28	11	31	31	206
Bei-montur	Hemden	3	27	19	30	25	36	4	28	50	222
	Halsbinden	1	3	11	28	5	16	31	10	28	133
	Zopfbänder	1	1	8	.	3	6	.	3	.	22
	pr. Stiefel m. Sporen	1	1	4	1	.	6	.	9	2	24
	pr. Lederhosen	4	11	12	15	12	22	13	12	11	112
	pr. Tuch- m. Unterhosen	1	4	11	.	.	7	12	10	14	59
	Kittel	1	57	13	83	101	99	61	98	22	535
	ungar. Mützen	.	10	15	10	.	8	1	14	7	65
	Kordons	.	44	16	10	.	9	1	14	7	101
	Federstutz	1	49	32	10	.	25	1	43	7	168
	Fouragiermütze	.	59	37	70	16	53	45	82	21	383
	pr. Strümpfe	3	18	18	15	21	21	.	7	20	123
	wollene Schärpen	.	37	29	8	14	25	1	25	16	155
	Mantelsack	4	14	19	15	12	21	8	14	27	134
Leder-werk	pr. Handschuhe	1	35	25	26	6	82	.	83	.	258
	Kar.riem m. Haken + Schnalle	.	45	39	52	59	56	41	41	59	392
	Patr.tasche m. Riem + Ladest	2	51	44	58	61	61	42	44	64	427
	Säbelgehenk m. Tasche	7	98	106	104	103	99	101	102	98	818

Hinzu kommen noch

beim Stab:	1 Rock u. 1 Weste für Schmiede u. Wagenmeister
	1 Hut für Schmiede und Wagenmeister
bei Oberstltn. Esk.	1 Weste für Schmiede und Wagenmeister
bei Esk. v.Leonhardi	1 Weste für Schmiede und Wagenmeister

Anlage 11   Summarische Anzeigen des Verlustes an Feld- und Pferdeequipage sowie Fourage im Feldzug 1806 (Meldung vom 04.01.1807)

		Stab	Leib	Oberst	Oberstltn.	v.Funk	v.Kracht	v.Polenz	v.Gablenz	v.Leonhardi	Summa
Pferde-Equipage	ungar. Sattelbaum m. Zubehör	7	102	102	102	102	99	98	102	99	813
	pr. Holster m. Gürteln	7	102	102	102	102	99	98	102	99	813
	lederner Bauchgurt	7	102	102	102	102	99	98	102	99	813
	Obergurt m. Zubehör	7	103	102	102	102	99	98	102	99	814
	pr. Steigleder	7	103,5	102	102	102	99	98	102	99	815
	pr. Steigbügel	7	104,5	102	102	102	99	98	102	99	816
	Garn. Pack-, Binde-, Matelriem	8	103	102	102	102	99	98	102	99	815
	Karabinerschuh m. Riem	.	89	88	86	102	99	82	87	86	719
	Hauptgestell m. Zügeln	7	103	102	102	102	99	99	102	99	815
	Halfter m. Zubehör	7	103	102	103	102	99	101	102	99	818
	Hinterzeug	7	102	102	102	102	99	98	102	99	813
	Vorderzeug	7	102	102	102	102	99	98	102	99	813
	pr. Stangen	8	103	102	102	102	99	98	102	99	815
	Schabracke	7	103	102	102	102	99	98	102	99	814
	wollene Decke	8	108	108	102	102	99	98	102	99	826
	Deckengurte	7	106	102	104	102	101	98	102	99	821
	Futtersäcke mit	15	206	206	204	204	203	90	102	198	1428
	Tornistern	16	220	206	208	204	203	202	204	198	1661
	Striegel	8	116	103	104	102	104	100	102	99	838
	Kartätsche	8	116	103	104	102	104	100	102	99	838
	Mähnenkamm	.	103	8	104	102	104	.	22	.	443
	Putzschere	.	9	8	15	102	104	.	10	.	248
	pr. Fouragierleinen	7,5	102	103	102	102	99	99	102		717
Feld-	Feldflasche mit Riem	5	75	67	71	87	93	42	80	76	596
	Feldbeil m. Futteral	.	17	23	8	21	26	.	8	4	107
Fourage Hafer	Scheffel	.	10	11	10	10	11	11	11	10	84
	Metze	12,5	11,5	8,5	13,3	13,3	6	4,25	2	13,3	84,5
Heu	Zentner	.	3	3	3	3	3	3	3	3	24
	Pfund	32	62	94	66	66	86	82	78	66	632

Anmerkung des Autors: Da die Unteroffiziere keine Karabiner führten verwundert, dass bei den Eskadrons v.Funk und v.Kracht die Anzahl der verlorenen Karabinerschuhe mit Riemen der Gesamtanzahl der verlorenen Pferdeequipagen entspricht.

Anlage 12 Summarische Anzeigen des Verlustes an Feld-Proviant-Fuhrwesen im Feldzug 1806 (Meldung vom 04.01.1807)

	Stab	Leib	Oberst	Oberstltn.	v.Funk	v.Kracht	v.Polenz	v.Gablenz	v.Leonhardi	Summa
Wagen m. Zubehör	.	.	.	1	1	1	1	1	.	5
Wagenplanen	.	1	.	1	1	1	1	1	.	6
Kumte m. Zubehör	.	1	2	4	4	4	4	4	.	23
Brustketten	.	.	2	2	2	2	2	2	.	12
Schirrketten	.	.	2	2	2	2	2	4	.	14
Fuhrsattel mit Steigriem, Deichseleisen und Bauchgurt	.	1	1	1	1	1	1	1	.	7
Winde	1	1	1	2	1	1	1	1	1	10
Vorlegewaage	.	.	.	2	1	1	2	1	1	8
Kampierpfähle	2	8	4	4	4	4	4	4	4	38
Fuhrzäume m.Zügel und Halfter	1	2	2	4	4	4	4	4	.	25
Lenkseil	1	2	1	1	1	1	1	1	1	10
Wischtuch	1	.	2	1	1	2	1	1	.	9
Pritsche	1	2	2	2	1	1	1	1	2	13
Futterschwinge	1	2	2	2	1	2	1	1	2	14
Futterkrippen	2	4	4	4	2	4	2	2	2	26
Schmiermeste	1	.	1	2	1	2	1	1	2	11
Putzzeug	.	2	.	2	1	1	1	1	.	8
Pferdekamm	.	.	.	2	1	1	1	1	.	6
Radehaue	.	2	1	2	1	2	1	1	2	12
Futtersäcke	2	6	4	16	5	4	2	4	.	43
Tränkeimer	.	2	1	2	1	2	1	1	1	11
Satteldecke	.	1	1	1	1	1	1	1	1	8
Laterne mit Korb	1	2	1	2	1	1	1	1	1	11
Beil	.	1	1	2	1	1	1	1	1	9
mit Eisen beschlagener Hund	.	1	.	1	1	1	1	1	.	6
Hintergeschirre	.	2	2	2	2	2	2	2	.	14
Vordergeschirre	.	.	.	4	4	4	2	4	.	18
4ellige Zugstränge	.	4	2	4	4	4	4	4	2	28
9ellige Zugstränge	.	.	.	4	4	4	4	4	1	21
Fouragierleinen	4	8	5	12	5	5	2	8	.	49
Reserveräder	1	2	2	.	.	.	.	.	.	5

Anlage 13   Bestand an Armatur und Lederwerk bei den mobilen 3 Eskadrons beim Korps in Österreich am 02./10.08.1809

Bestand an Amatur und Lederwerk beim mobilen Teil (Stab und 3 kombinierte Eskadrons) des Husarenregiments		Stab	I.Eskadron	II.Eskadron	III.Eskadron	Gesamt 02.08.1809	Nachmeldung 10.08.1809
dermaliger effektiver Bestand an Mannschaft		3	104	106	112	325	6
Karabiner	vollständig vorhanden		52	49	52	153	4
	schadhaft, aber noch zu reparieren		13	14	14	41	.
	am wirklichen Bestand fehlend		23	27	32	82	2
Pistolen (Paar)	vollständig vorhanden		65	59	57	181	4
	schadhaft, aber noch zu reparieren		9	16	9 1/2	34 1/2	.
	am wirklichen Bestand fehlend		30	31	45 1/2	106 1/2	2
Säbel	vollständig vorhanden		82	77	89	248	4
	schadhaft, aber noch zu reparieren		9	8	13	30	.
	am wirklichen Bestand fehlend		13	21	10	44	2
Patronentasche	vollständig vorhanden		87	84	78	249	5
	schadhaft, aber noch zu reparieren		13	14	25	52	.
	am wirklichen Bestand fehlend		4	8	9	21	1
Patronentaschenriemen	vollständig vorhanden		99	99	102	300	5
	schadhaft, aber noch zu reparieren		.	.	.	.	.
	am wirklichen Bestand fehlend		5	7	9	21	1
Säbelgehenk	vollständig vorhanden		89	78	97	264	5
	schadhaft, aber noch zu reparieren		1	9	9	19	.
	am wirklichen Bestand fehlend		14	19	6	39	1
Karabinerriemen	vollständig vorhanden		83	82	85	250	5
	schadhaft, aber noch zu reparieren		.	.	7	7	.
	am wirklichen Bestand fehlend		5	8	6	19	1
Kugelzieher	vollständig vorhanden		85	80	92	257	5
	schadhaft, aber noch zu reparieren		.	.	.	.	.
	am wirklichen Bestand fehlend		3	10	6	19	1

Anlage 14   Ersatz an Karabiner- und Pistolen-Patronen[71] und Flintsteinen aus dem Artilleriepark am 13.08. bzw. 07.09.1809

Ersatz an Patronen (13.08.1809) und Flintsteinen (07.09.1809) in Stück		I.Eskadron Lindenau	II.Eskadron Czettritz	III.Eskadron Probsthayn	Gesamt
Patronen	Karabiner	756	763	996	2.515
	Pistole	906	504	1.152	2.562
Steine	Karabiner	83	59	60	202
	Pistole	166	140	140	446

[71] Die Patronen wurden beschrieben mit: 18 Kugeln aufs Pfund à 1/2 Loth (Karabiner) bzw. 1/4 Loth Ladung, ausgegeben in 6 Flintenpatronenkasten

Anlage 15   Die am 24.09.1809 eingereichte Anzeige über anzuschaffende
Stücke auf den präsenten Etat sowie Lieferungen dazu

	I.Eskadron	II.Eskadron	III.Eskadron		I.Eskadron	II.Eskadron	III.Eskadron
lederne Bauchgurte	2	3	.	Holster mit Gürteln	2	.	.
Steigleder (paar)	3	3	.	Karabiner	12	14	16
Steigbügel (paar)	4	3	.	Pistolen	16	17	20,5
Obergurte	4	10	.	Krätzer	3	.	.
Garnitur Pack- u. Binderiemen	.	3	.	Karabinerschuh mit Riemen	3	3	.
Hauptgestell mit Zügeln	14	3	8	Ruhriemen	.	3	.
Trensen mit Gebiss	4	48	30	Karabiner-Bandeliers	3	4	2
Halfter mit Zügeln	20	10	30	Patronentaschen-Bandeliers	3	4	4
Halfterzügel	.	45	.	Säbelkuppel m. Riemen u. Tasche	10	5	6
Vorderzeuge	3	3	.	Taschen	2	.	.
Hinterzeuge	7	3	.	Säbelriemen	10	5	6
Stangen (paar)	3	6	8	Feldflaschen mit Riemen	54	.	42
Striegeln	64	44	57	Feldbeile	.	.	8
Kartätschen	61	44	57	ungar. Mützen nebst Federstutz	2	1	2
kplt. Pf.equipage o. Sattel/Decke	.	3	6	Mützenkordons	2	1	2
Schabracken	6	3	6	Pelze	.	.	1
blaues Tuch (Ellen)	125	82,5	.	Dolmans	2	.	3
schwarzes Tuch (Ellen)	4,5	2,25	.	wollene Schärpen	9	2	2
Schabrackenschnüre	156	78	.	Hemden	.	.	12
Sättel	1	3	6	Tuchhosen	.	.	1
wollene Decken	13	3	6	wildhäutene Hosen	9	6	8
Fouragierleinen	56	10	40	Fouragiermützen	.	.	20
Futtersäcke	22	54	40	Mantelsäcke	8	4	8
Tornister (paar)	80	72	126	Mäntel	13	9	9

Das mobile Detachement Husaren hat teils zum Gebrauch, teils als Ersatz auf den feindlichen Verlust geliefert erhalten[72]:

Stiefel: 06.08. 85 pr.; 24.08. 225 pr.; 01.09. 47 pr.; 14.09. 6 pr.

09.08. öster. 3 Karabiner, 3 pr. Pistolen, 3 Garnituren Lederwerk, 4 Säbel (letztere sind aber am 08.09. wieder zurückgegeben worden)

08.09. 44 St. Säbel

21.09. mit 1 österr. Deserteurpferd 1 ung. Sattel, 1 Satteldecke statt Schabracke, 1 Obergurt, 1 Hauptgestell (an III.Esk.)

20.10. 21 Säbelkuppel u. -riemen (I. 10; II. 5; III. 6)

06.11. 175 gebr. Futtersäcke (I. 42; II. 73; III. 60)

09.11. 14 pr. alte Überhosen, 10 Fressbeutel, 5 Friesdecken, 18 hölzerne Feldflaschen

13.11. 31 Mäntel (I. 13; II. 9; III. 9) - Nota: Diese Mäntel wurden, weil selbige zu eng waren, zurückgegeben und 24 Stück daraus verfertigt

---

[72] In Geld erstattet wurden am: 02.11. 165 Striegel (à 1 Gulden 20 Kreuzer / I. 64, II. 44, III. 57) und 162 Kartätschen (à 1 G. 30 Kr. / I. 61, II. 44, III. 57); 07.11. 224 pr. Tornister (à 1 G. 30 Kr. / I. 83, II. 75, III. 66) und 106 St. Fouragierleinen (à 2 G. 30 Kr. / I. 52, II. 17, III. 37)

In dieser Reihe sind bisher bei BOD bisher erschienen zur Uniformierung und Ausrüstung der sächsischen Armee

)✴(